用新闻评论和这个世界聊聊

长志气 / 强骨气 / 蓄底气 / 增正气

周山 —— 著

中国出版集团 | 全国百佳图书
中国民主法制出版社 | 出版单位

图书在版编目（CIP）数据

用新闻评论和这个世界聊聊 / 周山著.— 北京：
中国民主法制出版社，2023.5

　ISBN 978-7-5162-3197-5

　Ⅰ.①用… Ⅱ.①周… Ⅲ.①评论性新闻 – 研究
Ⅳ.① G210

中国国家版本馆 CIP 数据核字（2023）第 065849 号

图书出品人：刘海涛
出 版 统 筹：石　松
责 任 编 辑：张佳彬　刘险涛

书　　　名 / 用新闻评论和这个世界聊聊
作　　　者 / 周　山　著

出版·发行 / 中国民主法制出版社
地址 / 北京市丰台区右安门外玉林里7号（100069）
电话 / （010）63055259（总编室）　63058068　63057714（营销中心）
传真 / （010）63055259
http: // www.npcpub.com
E-mail: mzfz@npcpub.com
经销 / 新华书店
开本 / 16开　710毫米×1000毫米
印张 / 20.25　**字数** / 297千字
版本 / 2023年5月第1版　　2023年5月第1次印刷
印刷 / 三河市富华印刷包装有限公司

书号 / ISBN 978-7-5162-3197-5
定价 / 98.00元
出版声明 / 版权所有，侵权必究。

真话不全说，假话全不说（代序一）

每天，都在发生各种各样的事。有好事，也有坏事。

但不论好事坏事，只要发生了的，也只能是发生了。我们只能接着。

这世界会发生什么，我们无法左右。但好在，我们可以左右面对这些事情的情绪和行为。

在面对好事的时候，我们总会不自觉地让幸福洋溢在心里和脸上。在面对悲伤、愤怒、失落时，也会把这些情绪挂在脸上。"喜怒不形于色"，很多人真的做不到。

都说"得意"不能"忘形"，其实，"失意"也不可"忘形"。欣喜到来，需知那只是你该得到的，坦然接受便是了，尤其不要忘了照顾到身边的人或许此刻正在悲伤。发生了不该发生的事，也没必要蔫头耷脑、拧眉瞪目、呼天抢地，搞得自己面目变形丑陋无比。此之谓"体面"。

职业原因，每天都会浏览大量新闻资讯。有的新闻令人兴奋，有的新闻令人悲伤，还有的新闻让人无奈，产生"心有余而力不足"的深深的无力感。

"让无力者有力，让悲观者前行"，是1999年1月1日《南方周末》新年贺词的一句话。这句话充满了悲悯和勇毅，但又有多少人、多少力量可以真正做到如此？

这世界，总有好事发生，也总有不虞之事出现。但无论如何，我们都要活下去，怀揣着希望与梦想勇敢地活下去。因为，我们始终相信，明天会更好，未来会更好。

人类从一开始，便一直与各种不如意作斗争。有的是仅仅为了活下去，有的是为了更好地活下去。从人类历史看，世界的美好与否，并不取决于某个突发事件或一段时期的天灾人祸。正如即使没有某个问题，人们也一定会遇到其他问题。

公平、正义和善良，是世界之所以美好的基础。有高兴的事，鼓而歌；有不平的事，悲而鸣。天地间就是如此。人如此，新闻媒体也如此。

"评论是报纸的旗帜"。一家新闻媒体，没有自己的评论，就相当于没有自己的声音。你赞成什么，反对什么，别人无从知晓。很难想象，谁愿意同一个没有主见、没有观点、只会人云亦云的人去深交；也很难想象，谁愿意同一个极度情绪化、只会提意见不会提建议尤其是建设性建议的人成为朋友。

我是个报人，一个再普通不过的新闻工作者。幸运的是，参加工作之初，报纸版面就专门为我这个"愣头青"专门开辟了评论专栏。断断续续，直到今天。

"真话不全说，假话全不说"，是我的信条。"假话全不说"，很好理解；"真话不全说"，不是狡猾，也不是抖机灵，而是有的真话要看时机、看场合、看对象才能说。如此，才是负责任，才是大义所在。朋友张三对李四有意见，说了几句不满的话，我如果转头复述给张三，算是说了"真话"，但结果又会怎样呢？说实话、说真话，有时候是美德，有时候却恰恰相反。所以，在任何时候，都不能顾"小义"而忽视"大义"。

凡是说话，就会有观点；凡是观点，都在影响人，或无意或有意。这个世界，不是你影响了别人，就是别人影响了你。提意见，谁都会；提建议，却未必都会。有人总说自己"性子直""刀子嘴豆腐心"，我不这么认为，我更愿意把说这种话的人看成某种"标榜"——为自己不合适的语言找理由。试问，那些对朋友"性子直"的人，面对领导，性子也那么一如既往、口无遮拦地"直"吗？"刀子嘴"的后面，也必然是"说了是安全的"的逻辑，那背后一定是一颗"刀子心"。

其实，什么样的嘴和什么样的心，都不重要，重要的是要对自己说出的话负责任——最大限度地客观，最大限度地与人为善——至少不坑人、不害人，哪怕是惩前毖后治病救人。

这是我的第一本评论著作。无论如何，目的都只有一个——怀着最大的善意，希望每个人都更好，这个世界更好。即便貌似犀利之辞。

如果可能，我将一直把评论写下去。也算是我与这个世界的对话，也算我也来过这个世界。

愿这个世界和这世界上的每个人，越来越好。

我就不服（代序二）

这么多年来，养成了许多习惯。当然，有好的，也有坏的。

有个习惯，不知道是好还是不好，反正若干年来，尤其成年之后，一直"带"在身上。这个东西，就是发自骨子里的"不服"。

我遵从天道，顺应人性，认同规范，但依旧不影响自己由内而外的各种"不服"。

当下，别说我人已中年，即使年少轻狂的时候，也并不算太叛逆，虽然也做过一些相当叛逆的事。

既然不叛逆，也还算沉稳，那又哪来那么多"不服"呢？这是个好问题。

人都是社会的人，别管是否愿意，总会遇到、看到、听到好多事。有些事，是关于自己的；有些，是关于别人的。有人把世上的事分为三类：自己的事，别人的事，老天的事。说如此一划分，世界瞬间变得很清晰，好多事自然也就知道了该如何应对、处理。还有的人更为高明，把世上的事索性分为两类：一类是"关我屁事"，另一类是"管你屁事"。如此一来，倒也简洁，好记、好用。但这两种划分，总感觉哪里似乎不对，尤其是后一种，说得好听些，总有种"出世"的感觉。

或许是年龄不到，或许是修养不够，也或许是层次跟不上，我一直认为，"出世"之法利于养生，却对这个社会的进步没什么大用；真正有用的，还得是"入世"。

要说怀揣多大的理想，平生有多大的抱负，说实话，我是真没有。但有一点，是我矢志不渝的——人来这世上一遭，总得做点儿什么，做点儿对这个社会和对别人有用、有价值的事；这个世界，将因为有我，而变得更和谐、更进步、更美好，哪怕只是那么一点点。

衡量一个人的内心是个什么样子，有一个标准：哪些话，是他愿意跟自己的孩子经常说的；什么样的事，是他心心念念希望自己的孩子去做、去做到的。"虎毒不食子"，不好的东西，人是从心底不希望留给后代的。帝王之家、王侯将相、寻常百姓，莫不如此。清康熙皇帝爱新觉罗·玄烨之《庭训格言》，历代望族之家训，皆如此。

我的话，我愿意，也敢于，说给我的孩子。

"宁做太平犬，不做乱世人"。这说法听来扎耳，但其中的道理与辛酸，或许是不经乱世的人永远体会不到的。平日里所说的"感同身受"，也只是感情上的认可与情绪上的共鸣，一个人永远不可能完全与另外的任何一个人有着一模一样的锥心之痛或深切之爱。

生在和平盛世，确属幸运。但对于生活在社会上的个体来说，再盛的世，也并非就意味着绝对的岁月静好，万事大吉。各种的痛，各样的苦，依然还在，甚至会像个不速之客一样，不请自来，不时萦绕在人的心头，扰乱着一个个貌似平静、安稳的日子。

这些"不速之客"，处理得好，自不用说；处理不好，便会真的把我们的生活变得一团糟，像一个没有头绪的线团，缠缠绕绕，撕扯不清，剪不断，理还乱。

对于所有遇到的事，我相信一位老人家说的——人这一辈子，就是来办事的，一件一件办就是了，办完这一件，再办下一件。

老百姓过日子，也有个类似的说法：富人有富人的忧虑，穷人有穷人的烦恼，你总认为别人的日子好过，那是因为你没在他家过日子。

人都说，人在上小学之前是最幸福的，原因是，只有那个年龄的小孩子不用学习，没有作业，不必考虑养家糊口、晋级升职，更无须戴着面具去应对这个世界，不用为任何事发愁。仔细想想，这种说法或许并不成立——那只不过是用成年人的思维模式在看小孩子的世界——孩子们只不过没有成年人的忧愁罢了，父母的管教、想要某种玩具而不得、想吃某种东西而不能，不也都是他们的"不快乐"吗？

所以，我们只能说，人的每个时期，都有每个时期的忧愁和烦恼。

"不快乐"给我们的记忆，永远比"快乐"留给我们的更深刻、更持久，也更刻骨铭心。

但是，生而为人，我们为什么不从另外的角度去想问题呢——童年的被照顾，少年的被包容，青春的无限活力，中年的小有所成，老年的闲适安心——人生的每个阶段，不也都有每个阶段的独一无二的美好吗？

人生在世，我们总会见到该见到的，听到该听到的，经历该经历的。当初的很多"过不去"，如今都已然"过去"；当初的许多"未来"，如今都成了"已来"或"正在来"。

能过去的，过不去的，早晚都会过去——所谓的"过不去"，只是我们的当时的想法。

该来的，不该来的，迟早都会来——所谓的"不该来"，只是我们的愿望。

给我们增加烦恼的，往往不是表面上的"不顺心"，而是一直在心底高声呐喊的"不公平"——为什么被怎样的偏偏是我？为什么他就能怎样？为什么这个世界会是这个样子？

表面上的"不顺心"，好比桌上的灰尘，轻轻擦拭，它就会不复存在。反而是深植于内心的"不公平感"，才最不容易被去除，无论怎样用力擦拭都是隔靴搔痒，甚至越用力它就越反抗。

方法不对，努力白费。剔除扰得我们心烦意乱的"不公平感"，只需一法——想想我们是谁。

什么叫"顺心"？凡事都顺着你的心，在你看来就是"顺心"；事情没顺着你的心意去发展，就是所谓的"不顺心"。

神仙和上帝几乎无所不能了吧，但他们又能事事"顺心"吗？万神之上的王母娘娘，办个蟠桃会，尚有猴子来搅局；全知全能的上帝，尚不能阻挡人类偷吃禁果……如果因为"有能力控制却没能控制"而愤怒，恐怕他们早就被气死了吧。

我们是谁，又怎能要求万事万物时时处处都遂我们的愿呢？并且，这世上，从来都只有相对的"公平"，哪来那么多的绝对呢？

"顺心""闹心"皆是生活，阴晴圆缺才是世界。

记得孩子小时候，曾经问他，喜欢什么颜色，他回答"绿色和红色"。接着问，那假如世界只有绿色和红色呢？他愣了，想了一会儿说"那不好"。于是，跟孩子说，多彩，才是这个世界的本色。

对事情的判断，也是如此。好多时候，"非黑即白"，是错误的，因为其实它是紫色、黄色或蓝色。

所以，遇到事情，大可不必先兴奋或恐惧，不妨先围着它走一圈儿，看一看，然后，该咋办咋办。

正因为如此，事来不惧，事中不慌，事去不留，方是成人成事之根本。

既然如此，万事要来、已来，我们还纠结什么。不妨经常问自己一句"何事惊慌"？

来，就来吧，怕它何来！

唯一能让我们慌张的，就是我们的慌张。

因为，慌张，让我们看不清来者何人、来者何事。

历来，我不好高骛远，所以我"不服"——不信自己做不到心里想的那件脚踏实地的事。那"不服"，是不服气自己的各种懒惰，不服气给自己找出的各种理由，不服气自己的各种"做不到"。

一切，不惊，不怖，不畏。

一切，按部就班，脚踏实地，慢慢来。

我就是这么一个我，何事惊慌？

这些话，我愿说给我所爱的每一个人。

目 录

长志气

强骨气

蓄底气

增正气

长志气

人，最怕没有志气。为了一己之私利，置社会大义于不顾，就是没志气的表现。得到想得到的，有万千正途，为什么偏走邪路？不就是因为它离结果更近一些吗？正途虽远，行将必至；邪路虽近，必通陷阱。

长长志气，通天大道走下去。

在群众心里"留痕"

把2019年作为"基层减负年",广大基层干部纷纷叫好。

近年来,笔者下基层采访,既看到了市场监管系统基层干部的辛苦,也体会到形式主义给他们带去的无奈和疲惫。因此,对政绩观错位、文山会海、过度留痕、不敢担当作为等突出问题,必须认真对待。

对上负责和对下负责是统一的。市场监管部门直接面对市场主体和人民群众,多数干部能做到规范执法、热情服务,但也有少数干部眼睛只盯着领导,只关注对上负责,不关心对下负责。党有党纪,国有国法,无论哪个级别的领导,归根到底都是在为人民群众服务。不踏踏实实工作,一心只为了讨好领导,到头来肯定是工作做不好、领导不满意,两头儿不落好。党性和人民性从来都是一致的、统一的,对上负责必须对下负责,对下负责就是对上负责。正常工作都做不好,何谈对谁负责?

少开会、少发文、多落实。习近平同志2011年3月1日在中央党校春季学期开学典礼上讲话时,引用了一副对联,对文山会海进行了讽刺。上联是"你开会我开会大家都开会";下联是"你发文我发文大家都发文";横批是"谁来落实"。会议多、收文多是困扰基层干部的一大"顽疾",以会议落实会议、以文件落实文件、以讲话落实讲话的现象屡禁不止,浪费了大家的时间和精力。其实,开会和发文的最终目的是为了落实。层层大幅度精简会议和文件,腾出时间和精力一心一意抓落实,才是为人民服务"初心"的最好体现。

工作抓落实最重要的是在群众心里"留痕"。工作处处留痕,对于规范工作流程有着积极意义。但凡事过犹不及，近年来过度留痕有愈演愈烈之势。有基层干部说，他有40多个和工作有关的微信群、APP和公众号，好多都得去"留痕"，更不用说纸质的"留痕"。工作落实得好不好，关键看实效，而不是靠各种记录和台账。说到底，群众心里那本账才最清楚、最有效。

为基层松绑减负，还须做到为担当者担当，为负责者负责。在基层，大胆先行先试者有之，畏首畏尾不敢开拓者有之。前者一心想干一番事业，后者则不求有功但求无过。殊不知，为党和人民做事，无功就是过。但现实情况是，只要干事，就有可能出错。因此，要正确对待开拓性工作中出现的失误和错误，切实保护干部干事创业的积极性，真正做到为担当者担当，为负责者负责。

松绑，是为了放开手脚大干一场；减负，是为了轻装前进走得更快更稳。没有了形式主义的困扰和各种顾虑，必将有越来越多的基层干部勇于担当、勇于作为，为党和人民做出更大贡献。

创新是最好的传承

好传统之所以被一代代继承，无一不是被注入了新时代的元素，也无一不是开拓创新。如果一味地坚持"传统"，而与创新绝缘，那离传承不下去也就不远了。

150多年的老字号企业全聚德，有一组数据让人心塞。据报道，全聚德经营数据显示，2020年第一季度亏损8850多万元。从2017年起，全聚德连续3年净利润下降。2019年，净利润为4462.79万元，和2017年相比缩水超6成。

同为百年老字号企业的狗不理，现在的日子也好不到哪儿去。新三板上市不到5年，狗不理日前终止股票挂牌。食品行业的传统老字号企业这是怎么了？问题到底出在哪儿呢？

若干年前，曾经在北京和平门的全聚德店请一个朋友吃饭。钱花得不少，却并没吃出与其他烤鸭有什么不同，服务态度还相当不好。狗不理，在天津吃过一次，包子太贵不说，服务也是连一般小吃店的水平都达不到。美团平台数据显示，天津狗不理山东路总店人均消费超110元，平均一个包子要卖到17元多。

传统老字号餐饮店价格高可以理解，但是连最基本的服务都跟不上，就是个问题了。更大的问题在于，有问题却不自知，还不去"研究"消费者的好恶。

全国人大代表、千味央厨创始人李伟日前的一番话，值得全聚德、狗不理这样的老字号企业深思。在他看来，一些产业被称为传统产业，本质上是理念的传统，表现为企业产品的包装、理念、传播方式、与消费者沟通方式多年不变，企业运作模式已经老化，却没有引起警觉。说到底，就是企业是否具备敏锐的市场洞察力和与消费者有效的沟通能力。

时代在变，消费者的选择在变，你却"岿然不变"，难道是想让时代和消费者去适应你吗？西式快餐进入中国市场后，纷纷增加了油条、豆浆，为什么？

全国人大代表、盐津铺子董事长张学武，最近重点关注的是如何提升中国食品工业国际竞争力，呼吁打造食品"灯塔"工厂，引领食品工业创新发展。为数不少的食品业界专家的观点与张学武的观点一致。大家普遍认为，经过此次疫情，当前，中国食品工业正处于转型与价值提升的关键节点。其中最重要的转型，是食品行业从"价格战"到"价值战"的竞争，从规模效益向"健康品牌效应"的升级，从单一的产品竞争转向支撑这一产品竞争背后的企业研发实力的较量。随着互联网、物联网的不断发展，食品制造业产业链的发展模式正在发生深刻变革。生产、加工、包装、物流、仓储、营销、市场、服务等所有环节都开始触"网"融合，食品制造业的数字化时代已然来临。

大刀、长矛再锋利，也抵不住火器时代的枪炮。不研发、不创新、不自省、不拥抱时代，再好的东西，也不可能传承下去。假如搞得连企业和品牌都败落了，更何谈传承？

皮之不存，毛将焉附？

也说蒙牛的事件营销

事件营销，自古有之。商鞅的"徙木立信"，就是典型的事件营销。

善于做事件营销的蒙牛，针对2020年的高考就搞了个新动作。

在官方微博上，蒙牛最近推出一组"特殊包装"的牛奶：语文、数学、英语、物理、化学、历史、地理等多门学科的知识点和模拟题，被印上牛奶的包装盒。并且，根据各科特点，还有"自己的'历史'，自己书写""做努力成功的一'分子'""充满电，让未来发光"等励志宣传语。

先不说这种"高考奶"到底卖了多少，单是广大媒体对这一事件的报道，就给蒙牛做了若干免费广告。作为商家，还有什么营销比这个更划算呢？

事件营销，一直是蒙牛的"拿手好戏"。公司成立不久，蒙牛就提出"创内蒙古乳业第二品牌"的宣传策略。"老大"是伊利，"老二"是谁？天知道。凭借这样的策略，蒙牛一下子把其他竞争者甩在了身后，在消费者心中树立了"老二"的江湖地位。时隔多年，这个案例仍被广告营销界念念不忘。或许，当时它是当地的"老八""老九"呢。

之后的为北京奥运会加油、借"神舟五号"飞天造势、赞助"超级女声"等，更是让蒙牛声名鹊起，产品销量大增。

事件营销，就是策划具有新闻价值和社会影响的活动或事件，引起受众关注，宣传品牌或产品，最终达到销售目的的营销方式。我国古代的隐士，比较擅长用这样的招数儿。姜太公用直鱼钩钓鱼，目的是吸引周文王；严子陵反穿皮袄钓鱼，目的是吸引光武帝刘秀。用反常识的举动，大造声势，不就是告诉别人"我在这里"吗？

腾讯与老干妈因广告而结下的"瓜",大家同样觉得很有意思。那边厢,腾讯说,你欠我广告费,老干妈说,假的,我没有;这边厢,"吃瓜群众"评头论足,看得津津有味。结果呢,两家企业被万众所瞩目,还不用掏广告费。说不定,"吃瓜群众"背后,正有人捂着嘴笑呢。

古代史、现代史、企业发展史,都是个"富矿"。闲来读史,胜于看百篇花边儿新闻。没准儿,还能看出来谁在用什么招儿想干啥,挺好。

真想知道,那些开拓市场的人才,是不是有一批学历史的?当然,历史也告诉我们,事件营销见效快,但营销背后的产品和服务品质更重要。这才是营销的长久之道。

也说"开店"与"关店"

受疫情影响，餐饮业承受着巨大的生存压力，这一点，就连普通老百姓都能体会到。然而，家乐福却逆势而动，开起了餐厅。2020年6月中旬，家乐福在上海的餐厅"MR.福"正式对外营业。按照规划，家乐福年内要新开100家自己的餐厅。

这个超市巨头到底意欲何为呢？对此，家乐福方面表示，布局餐饮业务，旨在提高用户满意度。也就是说，想通过这种方式，吸引消费者回归，扭转传统卖场不景气的态势。说得再明白一些，就是想"失之东隅，收之桑榆"。

对家乐福的这一大手笔，我的态度是"谨慎乐观"。

因为，家乐福的"开店"，让我想起了表哥的"关店"。

去年，表哥把开在老家国道边上经营了十几年的小饭店给盘了出去。理由是，小店远离居民区，门前道路将要加宽，安装护栏，过往司机无法停车就餐。小饭店的店面不大，但吃食的味道相当地道，火烧、柴鸡、炝豆芽等，都很有风味。他说，即便菜品再有特色，食客们进不来，又有什么用呢？

后来，当初开店的地段果真门可罗雀，各家店铺生意普遍不景气。表哥换址到居民区附近的小店，疫情之下单靠外卖订单，收入也还不错。看来，即便"一招鲜，吃遍天"这老理儿，也还是有条件的。

近年来，人们已经习惯了网购牛奶、卫生纸等生活用品，疫情发生以来尤其如此。随着消费观念的更新迭代，再想让消费者像以前一样，从网上回到卖场，简直比登天还难。传统卖场吸引消费者的最好方式，或许并不应该是满大街都能看到的餐饮，而应该多在"云上"下功夫，顺势而为，对客户进行导流。

商超开餐厅，家乐福不是"第一个吃螃蟹的人"，也不是"第二个"和"第三个"。说实话，家乐福真应该看看那些"先驱者"如今是个什么样的境况。

好在，"不确定性才是人生的常态"，你永远不知道明天会发生什么，这也正是生活的奇妙之处。衷心希望家乐福真的能如愿以偿地创造奇迹，我这个"外行"只是杞人忧天。

莫要乐此不疲做"巨婴"

现在，谁的微信好友里没有几个做微商的？但因为做微商而被纪检监察部门查处的，还真的为数不多。

2020年6月29日，浙江省乐清市的几个家长把孩子老师投诉到了纪检监察机关。原因是，该老师利用微信群和朋友圈卖减肥产品，一天能发几十条广告信息，即使上班时间也在发。老师只想着赚钱，还有心思教学？最终，该老师因违规从事微商经营活动而被立案查处。

据报道，那个老师说，自己只想把好东西分享给大家，同时赚点儿零花钱，没想到给学生和家长造成了如此困扰。笔者的朋友也有当老师兼做微商的，朋友也曾在微信群和朋友圈里卖货，所以笔者有理由相信这个老师说的是实话——至少不知道后果这么严重。当然，违规就是违规，不能因为任何理由逃避责任。

除去学校领导装聋作哑和对相关规定传达不到位等原因，笔者认为，这些做微商的包括老师在内的公职人员，大多是因为存在"巨婴"思维。

首先，存在侥幸心理。公职人员是有规矩的，上班时间做与工作无关的事，是工作太清闲，还是敷衍了事？对于"不得从事或者参与营利性活动"等规定，是不知道还是存在侥幸心理？相信答案不言自明。

其次，存在从众心理。貌似发发朋友圈就能赚钱，事情真的这么简单？无数事实证明，多数人只是在一个时期内做微商，因为做来做去，最终发现，赚的只是亲戚朋友的钱。一次两次大家碍于情面买货，时间一长，自己也就打了"退堂鼓"。

再次，存在不正确的"合理利用资源"心理。家长、客户、亲戚朋友都是"资源"，同类产品，他们买哪个牌子的都是买，为什么不能买我推荐的呢？殊不知，你认为的"好产品"，别人未必认可。

最后，最重要的是，为虎作伥尚不知。微商们多是转发商家对商品的介绍，其中有多少夸大、虚假宣传的成分，连他们自己都搞不清楚。因为朋友圈转发"最佳""最好"等绝对化广告用语而被查处的案例，教训已经够深刻，只是当事者只看到了眼前芝麻大的利益而甘愿被别人"当枪使"。

盲目跟风，是不成熟的孩子做的事。"一叶蔽目不见泰山，两耳塞豆不闻雷霆"，这样的事看起来很傻很天真，不少成年人却依旧乐此不疲，且玩儿的很开心。这不是"巨婴"又是什么呢？

做受人尊敬的"责任者"

2020年4月24日凌晨5时许，知名艺人罗志祥向"欺骗过以及不尊重过的所有女性道歉"，人设崩塌。"城门失火，殃及池鱼"，这下可苦了他代言的品牌，或忙着撇清干系，或紧急公关删除相关代言信息。估计，这些品牌的老总也有种被罗志祥"欺骗"和"不尊重"的感觉。怪谁呢？要怪就怪自己遇人不淑吧——找了这么个不负责任的"郎君"。

"金主"被坑这样的事情之前也发生过。"金主"们除了自认倒霉还能如何？代言的户外广告牌子都被人涂鸦了，"金主"还能报警找当事人去理论？他倒是有这个权利，但没这个脸皮。

人是崇尚惩恶扬善的，即便被侵犯者与自己非亲非故，也总会用自己的行动去惩戒作恶者。相反，对于向社会贡献价值的"责任者"，大家则会给予褒扬，大加赞赏。

在承担社会责任方面，国际大牌的胸怀和视角绝非浪得虚名。最近，在疫情防控形势下，耐克和宝洁就用广告给公众带来健康、自信和力量。

疫情期间怎么锻炼？大家自有办法。耐克的广告中，专业运动员、运动爱好者们克服困难，在家里坚持运动。最终，一切如往常一样好。"哪儿挡得了我们？即使这战场与球场不同，我们一样能想法子较劲到底！"耐克，向用行动诠释运动精神的人们表示敬意。

宝洁广告从多个职业领域入手，以中国女排为主阵容，加上明星助力，还有奋战抗击疫情的援鄂护士和超市销售顾问等，诠释了"只要上场，就要漂亮"的品牌主张。既宣传了品牌，又蕴含无穷力量，这样的广告，又有谁会抗拒呢?

人,总是选择从自己喜欢的人那里买东西,这已经成为广告营销界的一条铁律。同质化的商品,你更有社会责任感,更靠谱儿,不喜欢你喜欢谁?就像谈恋爱或交朋友,谁愿找一个没有责任感的人掏心、掏肺、掏钱呢?看你好,吃亏我都心甘情愿;看你不顺眼,懒得搭理你,还想让我掏钱?

相比之下,一些擅长以蝇营狗苟的小把戏收取消费者"智商税"的品牌,充其量只能算自作聪明罢了。不做百年品牌,专做"短线",赚一把就走,打一枪换一个地方,不排除能在短期内赚得盆满钵满,但消费者有记忆,市场有记忆,法律法规更有记忆,多行不义,迟早定会"自毙"。并且,赚来的财富,如何向子孙"交接"呢?难不成,有朝一日鼓足勇气向子孙说,这无数的钱,都是洒家骗来的?

人们都喜欢有责任的人,也必然力挺有责任的企业。那些专收消费者"智商税"的企业和品牌,现在还有几个活着?即便苟延残喘的,活得质量又如何呢?

事件营销非投机者可得

好的事件营销，可以获得四两拨千斤的"广告效应"。但它不是"为赋新词强说愁"式的"强为之"，而是"硬功夫"长期积累的"无心插柳柳成荫"之举。

2020年7月14日傍晚，卡车司机孙刚在维修车辆时，卡车起火，变成了"火车"。孙刚果断开起"火车"驶离闹市区。车停下没几分钟，油箱爆炸卡车报废。一汽解放得知后，决定赠送孙刚一台价值四五十万元的解放J7牵引车。紧接着，辽宁金天马专用车公司赠送孙刚一台价值10万元的鹅颈仓栏半挂车。为此，两家企业都赢得社会的高度赞赏，获得了花多少钱都买不来的好名声。

该事件对广大企业有什么启示意义呢？

要善于在突发事件中展现社会责任感。突发事件既有天灾也有人祸，经常不期而至。面对突发事件，与事件没有直接关系的企业，多数选择了视而不见，像"吃瓜群众"。只有少数企业在突发事件中率先行动，突出自己的社会责任感，也得到了市场的回报。2003年伊拉克战争爆发后，长城润滑油在央视连续10天播出"多一点儿润滑，少一点儿摩擦"的广告片，表达了对世界和平的呼唤，企业品牌就此广为人知。

社会责任感是平时练就的。事件营销可以引起受众共鸣，起到好的广告效应，但平时唯利是图的企业把握不住。即使装样子去做一些好事、善事，最后也往往是"口惠而实不至，怨灾及其身"。灾难面前，承诺捐款却不兑现而被指责的企业均是如此。让一毛不拔者去利天下，无异于与虎谋皮。

所以，社会责任感是一家规范企业平时练就的"硬功夫"，是装不像也装不成的。

优异表现是习惯，不是蹭热点"蹭"出来的。凡是能在关键时刻"冲在前面"的企业，其责任感必定表现在产品质量、售后服务、规范管理、社会责任等各个方面，并且往往数十年如一日乐此不疲。1985年，海尔把76台不合格冰箱全部砸毁，并坚持高质量，才有了日后30多年的高市场占有率。一汽解放的帮扶病友、疫情救助、发放助学金等，也成为企业的常态。

片刻辉煌，由平时的努力铸就。能取得良好广告效应的事件营销，也是若干造福社会之事的累积，是"文章本天成，妙手偶得之"，可遇而不可求，绝非投机者可得。

巩固来之不易的疫情防控成果

2020年底，我国疫情防控总体形势良好。时值寒冬，各地气温降低，部分地区部分人群对疫情防控工作有了一定程度的麻痹思想。北京某区的城管队员在对某包子铺检查时发现，这家平时生意火爆的快餐店，周末一天只有7个"北京健康宝"扫码登记记录。

疫情防控形势依然严峻，丝毫松懈不得。日前召开的中央经济工作会议指出，疫情防控要毫不放松抓好"外防输入、内防反弹"工作，严防死守，确保不出现规模性输入和反弹。

在疫情防控工作中，食品安全是重要一环。全社会须高度重视，清醒认识疫情变化的不确定性，各部门各负其责抓好监管，冷链环节严格落实主体责任，餐饮单位持续落实防控措施，个人切实做好防护，巩固我们来之不易的疫情防控成果。

餐饮单位要继续严格落实疫情常态化防控措施。要进一步夯实疫情防控主体责任，严格落实常态化防控指引和要求，继续严格落实佩戴口罩、测温验码、通风消杀、保持社交距离等常态化防控措施，安全有序开展经营活动。经营场所内，从业人员和顾客必须正确佩戴口罩，服务机构应一如既往地安排专人对消费者进行提醒提示和检查，通过海报、电子屏、广播等宣传新冠肺炎防控知识和防控措施，引导消费者自觉、主动地配合落实。

全面规范和加强进口冷链食品疫情防控。从近期疫情防控形势看，冷链环节是疫情防控的重中之重。我国是全球最大肉类生产国、消费国和进口国。有数据显示，从2014年到2018年，我国冷链物流需求总量由9190万吨增长至18870万吨，年均增长率达到19.7%。2019年与2014年相比，我国市场的冷链总需求量增长了153%；2020年，我国冷链物流行业市场规模将达5000亿元。可以说，目前国内冷链物流市场的现状，一方面潜藏着被新冠病毒污染的风险；另一方面市场需求仍在增长。可喜的是，全国各地各部门已经或正在全面规范和强化对冷链环节的监管，各冷链物流企业也认识到严格落实主体责任和各项防护措施的重要性，取得了良好效果。常抓不懈、久久为功，是冷链环节需要长期努力的方向。

做好个人防护就是做贡献。日前，一个号称"宣传正能量"的短视频引发受众争议。视频中，男子手拿蛋糕和口罩，声称给没戴口罩的人发口罩，如果有人拒绝戴口罩，男子便将蛋糕砸在对方脸上。尽管该视频有哗众取宠之嫌，但也反映出，目前不少人的确对疫情防控出现了麻痹思想。医护人员白衣执甲、科研人员呕心沥血、志愿者们严防死守，都是在为疫情防控做贡献。作为普通的社会一员，外出佩戴口罩、主动出示健康码是社会责任和文明素养的体现。在某种意义上，可以说，做好个人防护，就是在为疫情防护做贡献，是利己、利他、利社会的具体表现。

捍卫来之不易的疫情防控成果，人人有责。疫情防控得当，经济才能持续恢复和高质量发展，我们的日子才能越来越好，我们的国家也才会日益强盛。

做好保供稳价民生大事

2021年的春节即将来临。

人民群众的传统佳节过得好不好、舒心不舒心，与生活必需品是否充足、物价是否稳定有很大关系。节日期间，粮油菜、肉蛋奶等生活必需品消费量将明显增加。尤其在一些大中城市，疫情将给生活必需品的组织生产、物流运输、市场消费等带来一定考验。

保供应就是保民生。生活必需品的保障，关乎人民群众的基本生活，关乎人民群众的获得感、幸福感、安全感。这是"关键小事"，更是"民生大事"。春节年年过，今年略不同。与往年不一样的是，2021年对"保供应"的考验，除了要考虑消费量大、极端天气影响等之外，还要考虑疫情零星散发对组织生产、物流运输等构成的不利因素带来的影响。民生连着民心。越是困难因素多，越考验组织能力和应急能力，越要多措并举重视民生，确保群众生活不受影响。

稳物价就是稳人心。生活必需品，老百姓天天要用、要买。物价不稳，人心就不稳。尤其疫情下的传统佳节期间，更是如此。去年疫情发生初期，个别地方甚至出现哄抬口罩等防疫物资、"菜篮子""米袋子"等重要民生商品价格问题，各地市场监管部门迅速行动，从严从重从快查处了一批民生领域价格违法案件，大快人心，确保了市场平稳运行。要在以往工作经验的基础上，综合研判当前形势，及时制定切实可行的措施，防患于未然，让人民群众过一个物价稳、人心稳的春节。

疫情防控不放松。合理有序引导群众就地过年，国家有倡议、防控有需要，人民群众大力支持。为此，许多地方打出稳岗留工组合拳，为就地过年务工人员推出形式多样、内容丰富的"大礼包"，减少在外务工人员的后顾之忧。这是疫情防控形势下的得力之举。如今，人们的疫情防控意识已普遍较强，但佳节欢聚时仍要绷紧疫情防控这根弦，只有人人都安全、个个都平安，才是传统佳节的应有、必有之意。

解决好节日期间的保供稳价问题，就是解决好人民群众最关心、最现实、最直接的利益问题。可喜的是，当前，各地各部门已经组织制定生活必需品供应保障预案和应急预案，在组织生产、物流运输、市场监管等方面未雨绸缪，在落实各项疫情防控措施的基础上，保障好生活必需品的市场供应和价格稳定。由于措施精准、保障得力，从整体情况看，当前全国各地"米袋子""菜篮子"货品充足、价格平稳。只要全社会众志成城齐努力，我们就一定能取得疫情防控和春节期间保供稳价的"双胜利"，让人民群众过一个健康、安全、祥和的新春佳节。

点赞郑爽不"爽"

2021年1月，演员郑爽境外代孕并欲弃养的事件在网络刷屏。事件发生后，意大利奢侈品牌普拉达（Prada）官方微博发布声明称，终止与郑爽的所有合作。郑爽此前代言的化妆品、腕表、美发等品牌也都通过微博表示，已与其终止合作。此外，她参演的至少4部待播剧，也面临下架风险。

各机构、媒体纷纷发声，予以谴责。中国文联文艺工作者职业道德建设委员会近日发布《文艺工作者广告代言自律公约》，旨在"积极培育和践行社会主义核心价值观，加强文艺工作者职业道德建设和文艺界行风建设"。国家广播电视总局主管重点刊物《广电时评》在公众号刊发文章，称"不会为丑闻劣迹者提供发声露脸的机会和平台"；中国视协电视界职业道德建设委员会直指该事件，强调"艺"是成就事业之本，"德"是安身立命之根；华鼎奖组委会决定，撤销郑爽相关荣誉称号。

"私德有亏，公德有损"行为之下，没有赢者。作为当事人，郑爽无疑一点儿都不爽；作为被代言品牌，只能终止合作及时止损；作为前途未卜的待播剧，巨额投资咋办？这些还都是看得见的"亏"和"损"。作为影响力巨大的社会公众人物，由于自己的不合适言行而带来的不良社会效应又该如何消除呢？

公众人物当反思。演员、歌星等社会公众人物，往往是年轻人追捧的对象。他们的一言一行甚至服饰、打扮都会对"粉丝"产生影响。从此种意义上说，即便一些"私事"，对于他们来说也就不再是"纯私事"。因此，要加倍爱惜自己的"羽毛"，提高修养，对得起公众的"看得起"，绝不做违法违规、违背社会良好风尚的事。

行业机构当发声。各行业机构承担管理或指导等责任。营造良好的社会风气，每个机构、每个人都不能也不应置身事外。一旦出现敏感事件，马上发声，该谴责的谴责，该处罚的处罚，旗帜鲜明亮明地观点，向社会公众表明提倡什么、反对什么，实属应该。

监管合力当形成。社会公众的谴责、各机构的表明态度和众媒体的密集发声，都属于社会监督。作为有法定职权的有关部门，应该及时出手，对违规者该处罚的处罚，该封杀的封杀，既维护法治尊严，又起到"处罚一个、警示一批、教育一片"的作用。只有社会监督与行政手段相结合，才能形成监管合力，让社会环境更加天清气朗。

"德之不修，学之不讲，闻义不能徙，不善不能改，是吾忧也。"不知此前凉了的"冰"、当下不爽的"爽"以及诸后来者，会不会适当"忧"一下。"德不配位，必有灾殃"，当牢记。

不学低俗的"险中求"

2021年3月，网红奶茶品牌"茶颜悦色"事件刚过，内衣品牌Ubras营销接棒"翻车"。再加上前不久全棉时代的"卸妆吓退色狼"广告，此前的某品牌椰汁广告……众多品牌纷纷因为利用女性话题营销，引发受众反感，导致品牌宣传转向危机公关。

好创意是广告的灵魂。多年来，舶来品广告创意"3B"法则，貌似仍不过时。所谓"3B"，是指"beauty"（美女）、"beast"（动物）和"baby"（婴儿）。或许一些广告商正是看中"美女"这个元素，才围绕女性话题去做推广，以求吸引眼球。

但作为社会的人，女性与男性一样，需要被尊重、认可。拿美女开涮，美从何来？从此种意义上说，眼下有些广告创意者素养不足，低俗有余。即使学别人，也只学得个皮毛，画虎不成反类犬。

既然跟人家学，就要学到精髓，向受众展示积极、健康、有趣味、有哲理的广告创意，让人看后回味无穷。如此，也才算对得起广告主东家出的费用。

其实，大品牌的广告历来有看头儿，有的甚至百看不厌，被奉为经典。"取乎其上，得乎其中；取乎其中，得乎其下；取乎其下，则无所得矣。"向高手学习，确实有必要。

说一组尚说不上"经典"的广告。疫情期间，麦当劳"玩"起自己的LOGO。为了提醒公众做好防护、保持距离，巴西的麦当劳把自己的LOGO"拆开"，通过户外广告广泛宣传，甚至作为公司的头像放到社交媒体上。受众看到的，是标志性的"M"，变成两个黄色的"n"，并且两个"n"中间还保持一定距离。

还有什么比这更能提醒人们"保持距离"呢？这种创意，比商家说一百遍"请保持距离"都管用、有效，令受众记忆深刻。

动辄拿女性说事儿，直奔隐晦主题，貌似抖机灵，其实很招人烦。如果"3B"法则学不好，倒不如踏踏实实开动脑筋琢磨点儿正经事。趣味性、家庭责任、社会责任等，都是很好的广告创意主题。围绕这类主题搞创意，即使做得不那么出彩，至少也不会让广告主花了钱还挨骂。

如果想在广告圈长久地"混"下去，就要向大品牌好好学习，学习人家的风趣幽默和社会责任，而不是学些低俗的"险中求"。

狡辩式道歉要不得

2021年第一季度刚刚过完，盘点了下，因为广告"翻车"的品牌着实不算少。这些广告，或是内容低俗，或是暗含歧视，或是挑战公序良俗，或是承诺的商品或服务不能令消费者满意，总之都伤害了广大消费者的感情。

错了，咋办？道歉、改正，恐怕是最好的选择。毕竟，消费者并非不食人间烟火，只要态度够诚恳，改正够迅速，大家愿意以最大的善意去谅解、宽容商家，你卖我买，两下各自安好。

但偏偏有些商家，把好好的道歉变成了狡辩，甚至变成二次广告，给消费者的心头火上浇油。真的搞不明白，这些商界精英的葫芦里卖的什么药？

在刚刚过去的清明节，魅族科技发了一条微博文案，称"魅族18系列5G安全纯净旗舰，祭奠被干掉的广告"。对此，在祭奠英烈和先辈、慎终追远的日子里，网友纷纷表示不满。

很快，魅族科技删掉发布内容，并道歉称："魅族18系列发布以来，迫切地想让用户感受到无广告纯净系统的好处，以致在严肃的日子还发了推文且严重用词不当。"对这样的道歉，网友"不买账"，称"道歉还不忘打广告"。

多数人会"得饶人处且饶人"，毕竟一般的"无心之错"能原谅，可一旦对方把道歉演变成狡辩，只会激起当事人更强烈的不满。

同样，不久前某知名外卖对"大数据杀熟"的解释、某购物网站对员工加班猝死的"声明"等，在社会公众看来，无一不是在"甩锅"和狡辩。会员比非会员配送费更贵，怪"定位缓存"？员工猝死，怪社会？这种说法岂能服众！最能狡辩的，当属前些年火了半边天、代言了多个违法广告的笑星侯先生，面对记者的镜头，竟称"广告哪有不夸张的"。

着火之后，灭火比什么都重要。这些"灭火者"，莫非是来火上浇油的吗？

企业大凡发布广告或声明，背后肯定是一个团队在点灯熬油、字斟句酌。三个臭皮匠，尚能顶一个诸葛亮，一个团队的智慧，咋就能让社会公众的怒火越烧越旺呢？究其原因，恐怕只有一点：不想认账，迫于压力道歉但我没错。

要道歉，就诚恳，这是做人的根本，更是企业的金科玉律。要知道，消费者不容欺骗，公序良俗不容挑衅，法律的红线更不能触碰！

营销和产品哪个更重要

2021年4月，食品饮料和餐饮界热点颇多。先是明星餐厅贤合庄出事，接着是饮料"黑马"元气森林涉嫌虚假宣传。安全问题再次引发消费者关注。

前段时间，两名顾客在贤合庄卤味火锅杭州万达店用餐时，天花板突然掉落"意外加菜"，导致顾客受伤。4月11日，贤合庄道歉，并与顾客达成和解。国内饮料品牌元气森林4月10日发布致歉声明，称此前在乳茶产品的标示和宣传中，没有说明"0蔗糖"与"0糖"的区别，容易引发误解。对此，网友评论"骗我长胖"，让人哭笑不得。

近年来，明星涉足餐饮业比较普遍，明星效应让这些餐饮店自带流量，但其中存在的食品安全等问题也不容小觑。元气森林，靠营销从众多饮品中脱颖而出，成功突围，但其中也伴随着过度宣传、误导传播等争议。

餐饮和饮料行业的竞争一直都很激烈，在"红海"中打造品牌、抢占市场，的确不易。但忽视了安全的一味扩张，必定是在给自己"埋雷"。只看到"钱"，而看不到"雷"，出问题只是早晚的事。营销和产品本身哪个更重要，无疑应引起高度重视。

铁打的市场流水的品牌。产品存在问题，再好的营销也没用。更极端的情况是，产品有问题，营销做得越好，损失就越惨重。比如，多年前火遍全国的三株口服液，一夜之间因问题奶粉"跌倒"的三鹿，等等。近年来，新品牌不断崛起，但"翻车"的也不在少数，真有点儿"眼见他起高楼，眼见他宴宾客，眼见他楼塌了"的意味。这些品牌，有的是产品质量问题，有的是服务问题，有的则是宣传问题。这些，究其本质，都可以概括为产品本身存在的问题。

追求流量、造概念、打擦边球，顶多红极一时，最终必然"湿鞋"。消费者反应再慢，毕竟有觉醒的那一天。这是市场的必然，也是法治的公正。

营销固然重要，但产品本身更为关键。想想那些因为产品问题已经倒下或伤痕累累的品牌，再想想那些业界的"常青树"，营销和产品哪个更重要，这一问题自然就有了答案。

广告代言真诚不止道歉

明星等社会公众人物为产品或机构代言，露个脸、拿了钱，就万事大吉了吗？一旦产品或机构出了问题，消费者利益受到巨大损失，代言人只需道个歉就可以置身事外吗？这是近年来广大消费者和业界普遍关注的问题。

2021年6月1日，中国银保监会新闻发布会的有关内容，引起广泛关注。中国银保监会有关负责人表示，在稳妥推进网贷机构存量风险处置方面，对已立案的999家机构，依法协调公安、司法等部门加快审理进度；加快追赃挽损，依法追缴高管奖金和明星代言费、广告费；引入征信系统和地方资产管理公司，提高追偿专业化水平。对此，网友纷纷用"那谁谁，快来退费了"以示赞同。

近年来，明星代言 P2P 舆情事件不断出现，涉及多个代言明星。2020年互联网金融平台"爱钱进"爆雷，被警方立案侦办，大量投资者损失惨重。作为该平台曾经的代言人和"幸福体验官"的知名主持人汪涵和奥运冠军刘国梁发表道歉声明，表示将敦促平台解决问题。

在很多类似代言事件中，产品或机构出现问题后，代言人似乎都是以"真诚道歉"、取消代言等"全身而退"，鲜见有被"追缴代言费"的。消费者除在网上发个帖、留个言之外，也只能任由那些在交易中发挥关键作用的代言人"拍屁股走人"。

此次中国银保监会发布的相关信息，对广大消费者来说，无疑是个极好的回应，也更有利于市场的规范。从这个意义上说，如果代言明星真的能被"追缴代言费"，把此举归类为"为群众办实事"也未尝不可。因为我国广告法明确规定，广告代言人"不得为其未使用过的商品或者未接受过的服务作推荐、证明"，明知或者应知广告虚假仍做推荐、证明的，应当与广告主承担连带责任。

明星作为公众人物，至少在某一领域有着巨大影响力。广告里有民生，有广大群众的利益。包括明星在内的公众人物，在代言广告时一定要"做好功课"，谨言慎行，切实做到尽责、负责，以免事后又来"真诚道歉"。这既是社会责任，也是对自己羽毛的爱惜。

要有骨子里的自信

以前的市场，品牌有个洋名就好卖，沾点儿"洋气"就好销；现如今，可不一定。这不，农夫山泉因为"蹭洋车"，就翻车了。

2021年6月底，有媒体报道，农夫山泉拂晓白桃风味苏打气泡水，在宣传时使用"拂晓白桃产自日本福岛县"等字样，迅速成为舆论中心。众所周知，福岛核事故造成放射性物质泄漏，对海洋环境、食品安全和人类健康产生了深远影响，我国也明确禁止从福岛等地进口食品、食用农产品和饲料。难怪网友们说，这是农夫山泉的"自杀式营销"。

农夫山泉回应称，他们只是创制了拂晓桃风味，配料中并没有从福岛进口的成分。既然如此，为什么还要突出强调"拂晓白桃产自日本福岛县"呢？无非想沾点儿"洋味儿"、蹭个"洋车"罢了。

在我们足以平视世界的今天，"洋气"确实不一定好使了。因为，我们自己的产品，丝毫不比别人的逊色。有数据显示，今年"6·18"期间，国产运动品牌李宁、安踏、特步销售额分别同比增长164%、59%、41%，海外品牌却大幅下降。在智能手机市场，vivo、OPPO和小米占据国内销量的前三甲，占比高达64%。中国有自信，中国产品有自信，中国消费者有自信，已经是不争的事实。

7月初，网络上一篇帖子再度引起网民们热议。有人在网上发了一个"日本萌娃"坐地铁的照片，对当地人的文明大加赞赏。可事实并非如此。7月8日，一个母亲的辟谣微博道出了真相："我家孩子是我大中华儿女，并深深热爱着我们的祖国！"有眼尖的网友通过车厢广告更是直接指出，"这是杭州地铁"。

外国的月亮更圆吗？答案不言自明。

我们可以谦虚地不俯视世界，但绝不再"仰视"。去年底，《台州日报》报道，台州市南方商标专利代理有限公司负责人表示，台州商标申请量激增，该公司2020年代理了约1300件商标注册申请，其中，近90%为中文名。当地制造企业在商标取名等文化问题上，不再崇洋媚外，凸显"看好中国市场、自信中国文化"。

当下，无论民间还是市场，中国人民和中国企业已经展现出充分自信。去年的新冠肺炎疫情"大考"，更是给所有人上了一堂生动的思政课。人们的自信，是来自骨子里的。我们平视世界的背后，是整个中国越发坚定的道路自信、理论自信、制度自信和文化自信。

挟"洋"自重，再也不灵了。"挟"不好，还会搬起石头砸了自己的脚。

肥沃"少年强"的土壤

　　2021年9月初，山东聊城火车站的电子广告牌滚动播放抗战英雄、科研工作者、抗"疫"先进工作者、援藏先进人物等的宣传片，不少旅客表示"直接被圈粉了"。利用火车站大屏幕宣传英雄人物和先进人物等的地方还有河北石家庄、黑龙江哈尔滨、江苏徐州等。这些地方的做法得到广大网友的一致好评。大家纷纷建议"全国各地的其他车站也要跟上""用英雄和先进代替明星"。"追星就追这样的星""这样的广告最爱看"，成为社会共识。这与近年来一直存在的不良"饭圈"文化、"娘炮"文化、泛娱乐化倾向严重等现象相比，无疑是令人欣喜的巨大变化，也是让人充满信心的良好开端。

　　少年强则中国强。如果一代人盲目追星、以丑为美、"雌雄"难辨，他们的前途乃至整个国家的前途无疑是非常值得担心的。因为这样的青少年明摆着"不强"，他们"不强"，我们国家的未来如何能强起来？

　　9月初，国家广播电视总局发布《关于进一步加强文艺节目及其人员管理的通知》，要求树立节目正确审美导向，严格把握演员和嘉宾选用、表演风格、服饰妆容等，坚决杜绝"娘炮"等畸形审美。前一时期，针对有全国政协委员提出《关于防止男性青少年女性化的提案》，教育部官网回应，将从多方面更好解决这一问题，更多注重学生"阳刚之气"的培养。

　　凡是深得人心的措施，必定响应快、效果好。若干地方的"英雄广告""先进人物广告"备受欢迎便是明证。

　　孩子是家庭的希望，祖国的未来。可以说，他们既是实现第一个百年奋斗目标的经历者、见证者，也是实现第二个百年奋斗目标、建设社会主义现代化强国的生力军。一切不利于孩子成长的东西，都必须引起家庭、学校和全社会的高度重视。相对来讲，家庭和学校是"小环境"，社会是"大环境"，只有"两个环境"一起抓，才能效果更明显。

在抗击疫情一线，一大批"00后"穿上防护服，是战士；脱下防护服，是"大孩子"。他们的事迹经媒体报道后，人们称赞："这才是年轻人应该有的样子。"笔者认识的一名留学生则表示，越出国、越爱国，他对此深有体会。

这是一个伟大的时代，这是一个前所未有的变革时代。少年强，未来肩膀就会硬，就能挑起硬担子。可喜的是，现在的年轻人正在奋勇争先、建功立业；现在的青少年，正拥有越来越好的"大环境"和"小环境"，并开始崭露头角。氛围好、风气正、少年强，祖国更加强大还会远吗？

"装睡"办不了实事

"恭喜您被超级PLUS砸中！""不熬夜不剁手，有券还怕啥！"这类营销类短信，被称为垃圾短信。每年"双11"促销活动期间，此类短信更是无孔不入，扎堆儿轰炸着我们的手机。好在，2021年"双11"消费者总算感觉清静了一些。

有人认为，垃圾短信减少，应该与前不久工业和信息化部信息通信管理局召开行政指导会有关。在会上，工信部要求各主要电商平台全面自查自纠零售、金融等相关产品的短信营销行为，不得未经消费者同意或请求擅自发送营销短信。

近年来"6·18""双11"期间，有关部门通过多种方式提醒、要求电商平台不得擅自发送营销短信，但此类短信依然屡禁不止，原因何在？一个简单的逻辑关系便能给出答案：要么是有利可图，要么是不守规矩也没啥损失。

实际上，对于这些垃圾短信，并非"无药可施"。我国《民法典》第一千零三十三条规定，除法律另有规定或者权利人明确同意外，任何组织或者个人不得以电话、短信、即时通信工具、电子邮件、传单等方式侵扰他人的私人生活安宁。《通信短信息服务管理规定》也对基础电信业务经营者、短信息服务提供者作出约束，并有明确罚则。既然有规定、有罚则，垃圾短信依然频繁出现，是规定不好执行，还是罚则不足以让违规者"望而生畏""望而却步"呢？这些问题值得人们深思。

社会不断进步，消费环境逐渐向好。根治营销类垃圾短信的"顽疾"，是一项系统工程，不是谁凭一己之力就能"包打天下"的，需要形成监管合力，也需要相关基础电信企业和短信息服务企业规范经营，更需要电商平台强化自律、加强合规，从源头上杜绝违法违规行为。

天下苦"垃圾短信"久矣！眼下，各地区各部门各单位都在深入推进"我为群众办实事"实践活动。此次行政指导会，就是主管机关回应社会关切，为群众"办真事""办实事""办好事"的体现。作为一贯宣扬有使命感、责任感的电商平台，是继续"装睡"，还是也去"为群众办实事"，办自己该办的事？答案不言自明。

"实事"往往并不难办，关键是办不办。

贾桂们，该醒醒了

经过百年奋斗，中华民族迎来从站起来、富起来到强起来的伟大飞跃。可时至今日，有个别人似乎仍旧没有"站起来"——他们把屈辱的历史印迹当成可以夸耀的荣光，把人们心头的痛当成可以消费的资本，把房子坐落在"法租界"当成可以炫耀的资本。

2021年，某网络科技有限公司在微信公众号上发布房地产广告，称"老卢湾法租界最后一栋住宅"等，标题和正文部分均出现"法租界"的表述。广告效应"立竿见影"，该公司很快迎来上海市市场监管局执法人员。最终，该公司因违反《中华人民共和国广告法》第九条第（四）项，被依法处罚。

拿"法租界"当噱头的，并不是"只此一家，别无分号"。前些年，上海某房地产公司印制楼盘广告宣传品在售楼处散发，其中的广告语就有"依然保留法租界昔日的浪漫风情"的表述。某五星级酒店为了突出所处区域，也在其网站使用"旧时法租界"的描述，最终被罚款15万元。上个月，某内衣品牌在官方微博发布的公告中，标注办公地点为"法租界"，引发网友众怒。

"租界"的存在严重侵犯一个国家领土主权的完整，中国近代史上的几十个"租界"，还不够我们锥心刺骨吗？揭开伤疤，不是为了警醒，不是为了奋进，而是为了"炫耀"，这到底是一种什么心态？身上要有多少媚骨，才能把屈辱当荣光？！

要说广告主和广告创意者不知道那段历史，恐怕没人相信。既然知道那个地方是曾经的"法租界"，就必然知道它到底为什么叫"法租界"。以前那里是"法租界"，莫非现在还是不成？在他们心中，或许，侵略者仍是"洋大人";"洋大人",仍代表"高大上"——阿Q经常说的"祖上阔过",跟这些人比起来,明显逊色多了。

表面上看,这一问题出在广告上;实际上,问题的根子在认识。要改的,恐怕不只是这些广告,更重要的是要有一颗自立自强的内心,一副从内里"挺直了"的腰杆。

怎么自立自强,如何挺直腰杆?不妨重温一下毛泽东同志在《论十大关系》里的一句话:有些人做奴隶做久了,感觉事事不如人,在外国人面前伸不直腰,像《法门寺》里的贾桂一样,人家让他坐,他说站惯了,不想坐。在这方面要鼓点劲儿,要把民族自信心提高起来,把抗美援朝中提倡的"藐视美帝国主义"的精神发展起来。

贾桂们,该醒醒了。

疯狂的牛奶

2021年5月底，选秀节目《青春有你3》打榜"倒奶视频"事件持续发酵，引发众怒。视频中，大量乳饮品被倒进沟里，被留下的，反而是小小的瓶盖。因为按照游戏规则，给选手投票的二维码印在瓶盖内，想要"助力"，必须得有瓶盖。事发后，涉事方爱奇艺和蒙牛虽然相继道歉，社会公众却依旧有些"意难平"。

有人说，这事儿是粉丝干的；粉丝说，别甩锅给我们。商家往往是事件营销的高手，"倒奶事件"到底是怎么回事，始作俑者心里最清楚。

"倒奶事件"受到一边倒的抵制和谴责，理所应当。其实，人们更在意的，并不是多少箱什么东西被倒进了沟里，而是万不能让不良行为把我们的孩子带进藏污纳垢的"沟"里。

青少年追星，是一种代际现象。谁没年轻过，谁没追过星？贴明星挂历、买明星专辑、留明星发型……是不少年轻人都做过的事。明星的悲喜就是我的悲喜，虽然他根本不知道这个世界上有我，这就是追星少年的典型心思。好在，追星只是一个阶段，过了也就算了。

少不更事，尚可理解；不良引导，便是作恶。年轻人说过头话、做过头事，到头来总会吃一堑长一智。但一些商业组织为了一己私利，利用各种手段对年轻人进行不当诱导，拿他们"当枪使"，自己却背后偷偷数钱。一方面是看得见的经济利益；另一方面是看不见的心灵毒害，孰轻孰重，世人一目了然。

其实，在"粉丝经济"方面，除了"疯狂的牛奶"外，还有疯狂的杂志、疯狂的专辑，等等。某明星上杂志了，于是乎，一下子买几十本、几百本杂志者大有人在。但买了并不为看，只是为了"支援"那明星。既然买了不看，商家索性和粉丝达成共识，"买了不运回"，不用发货。某偶像出了专辑，有粉丝就反复购买，为的是取得商家根据购买量设置的各种称号，花钱花出"成就感"。

干净钱，可以赚；昧心钱，不可取。"疯狂的牛奶"之类事件背后，是疯狂逐利的心。表面上看，牛奶被倒掉，是引发众怒的巨大浪费；深层次看，是商业组织不负责任的对经济利益的追求。这也是"饭圈"乱象的根源所在。

世界总是在进步，谁都无法阻挡。在浩浩荡荡的大势中，年轻人再年少，也应知是非；商业组织再重经济利益，也应有底线。不讲社会责任地一味赚昧心钱，迟早会有"翻车"的一天。若不信，走着瞧，"勿谓言之不预"。

当街撒野者，当真天不怕地不怕？

2021年12月下旬，陕西西安新冠肺炎疫情形势严峻，每个人都在严格遵守防疫要求，共渡难关。可偏偏有人觉得自己"身份特殊"，拒不配合防疫人员工作，想"单吃一个菜"。"吃"不成，便口出狂言，当街撒野，以示自己的"高贵与傲慢"。

12月21日晚，在西安交通大学附近，一女子拒绝配合扫码，与工作人员发生争执，还自称"我不是平民百姓，我在美国待7年了"。此事一出，舆论哗然，让众人在气愤之余哑然失笑。她的逻辑是，在美国待了7年，就能高人一等，就不再是"平民百姓"，所以别人可以遵守防疫规定，而她却可以不遵守。对此论调，网友评论道，在美国待70年又能怎样，受不了防疫规定可以回美国去，不会是跑回中国打疫苗来了吧。

22日，西安市公安局碑林分局官方微博发布警情通报，对当事人姜某（女，54岁）做出行政拘留十日的处罚。

自认为"身份特殊"者，不只此"奇女子"一人。还是在疫情牵动人心的西安，一外籍男子在做核酸检测时，竟辱骂防疫人员"疯子""神经病"，且不佩戴口罩，还朝地上吐痰。事后，该男子家属道歉并解释称，男子并非故意侮辱防疫人员，而是汉语水平不好，错用了词汇，且家事不顺情绪激动，并向网友提供了该外籍男子鞠躬向防疫人员道歉的照片，希望大家能给他一个改过的机会。

倚仗自己是外籍，便能为所欲为吗？或许，该男子的"家属"没给他讲去年发生在西安的那件事。去年3月29日，一外籍男子在西安拒戴口罩辱骂攻击防疫人员，被警方行政处罚，并处限期出境。

只要能舍出脸皮，当街撒野似乎并不难做到。即便如此，一般人仍做不到——那脸皮，实在是舍不出去啊。只如此一招，便让我等不得不佩服如上述一男一女者。

自认为的"高人一等"，其实正是道德和人格"矮人一头"的表现。凭此撒野，则更加让人不齿。至于"没控制好自己的情绪"一说，更是无稽之谈。如果当事人知道不控制好自己的"情绪"会很不安全，后果很严重，能足以严重到他难以承受的地步，他还会不控制好自己的"情绪"吗？

你以为当街撒业者就真的天不怕地不怕？其实，这样的人很"聪明"，他们似乎时刻都在"聪明"地计算着什么时候该怕谁，什么时候该不怕谁，却单单忘了那句"聪明反被聪明误"，没想到自己也有算错的时候。

这个世界是有规矩的。疫情防控，关系到公共安全和每个人的生命健康，容不得有人胡搅蛮缠撒野，容不得有人为所欲为肆意行事。凶神恶煞尚有畏惧的事物，当街撒野者还是守规矩为妙。

你要干干净净地"臭名远扬"……

　　这世间，唯美食和美景不可辜负。要说美食，新晋网红广西柳州"臭香臭香"的螺蛳粉不可缺席。但对于柳州螺蛳粉来说，这个冬天有点"冷"，又有点"热"。

　　"冷"的是，螺蛳粉品牌接连被曝"质量问题"；"热"的是，受众围观被曝问题，监管部门组织检查检验，网上网下真是忙得不亦乐乎。

　　2021年11月下旬，有网友在社交媒体平台称，在知名螺蛳粉品牌"好欢螺"里吃出虫卵，之后事件迅速发酵，备受社会关注。12月5日，柳州市市场监管局公布对"好欢螺"相关产品的检验结果，"全部合格"。

　　这边厢葫芦还没按下，那边厢瓢又起来了。

　　2021年11月30日，"柳江人家"螺蛳粉被曝"镉含量超标"，品牌方马上停止全部生产线，并组成食品安全专项调查组进行内部自查。很快，柳州市市场监管部门检查组对品牌方生产场所进行了全覆盖调查，且抽检产品检验结果为全检项目中镉限量项目均合格。

　　人红是非多，螺蛳粉也概莫能外。既然享受了流量的红利，就必然要习惯在"阳光下""别人的眼皮子底下""公众监督下"生存和发展。先是被指"有问题"，紧接着权威部门出具检验结果"没问题"，比消费者更揪心的，恐怕还是相关企业和辛辛苦苦打造当地螺蛳粉品牌的各方人士。

　　事情虽然平息了，但柳州螺蛳粉产业仍值得反思和警醒。既然后来的检测结果证明涉事产品"没问题"，先前为什么会被曝出"有问题"？品牌竞争、恶意诽谤抹黑也好，个别机构蹭流量未做到严谨发布也罢，凡事总有一个原因。找原因不是目的，找到"症结"所在避免类似事件再次发生，才是关键。如此，"臭名远扬"的柳州螺蛳粉才能更加规范、健康发展。

近年来，广西壮族自治区对螺蛳粉产业高度重视，自治区政府办公厅2021年7月专门印发《加快推进柳州螺蛳粉及广西优势特色米粉产业高质量发展实施方案》，推动柳州螺蛳粉产业迈向高端化、绿色化、智能化，实现第一二三产业高质量融合发展。柳州市也通过出台螺蛳粉食品安全地方标准、建立螺蛳粉检测中心、推动原材料基地建设、加密产品质量抽检频次、成立柳州螺蛳粉产业标准化技术委员会等多种方式，建立和完善安全可靠的螺蛳粉生产体系，保障这个产业规范化发展。

当地政府重视，既是产业腾飞的重要基础，也是振兴当地产业经济发展的优势。有了"天时"和"地利"，能不能大获全胜，还要看是不是"人和"。

干任何事情，人的因素都是第一位。在"好欢螺"虫卵事件中，有观点认为是"恶意诽谤"。对此，笔者认为，尤其存在竞争关系的企业，一定要放大格局，不要把彼此看成"竞争对手"，而要看成"竞争伙伴"。对手之间的竞争，更像是你死我活的争斗，必定要分出胜负；伙伴之间的竞争，则是你追我赶，既互相比拼又互相促进。可口可乐和百事可乐、奔驰和宝马，在广告营销方面的互怼已成经典，但彼此竞争又彼此成就的事实，也让双方谁都离不开谁。

市场足够大，足以容得下一个小小的螺蛳粉产业。再多几个"好欢螺"和"柳江人家"，它不香吗？

各螺蛳粉品牌，也要吸取刚发生的事件带来的教训，并以此为契机，严把品质关，让即便善于吹毛求疵的人也不敢挑毛病、挑不出毛病。

螺蛳粉，是柳州弥足珍贵的城市品牌、城市名片，是"以现代工业化理念撬动的传统产业"。"臭香臭香"的柳州螺蛳粉，我们期待你干干净净地"臭名远扬"，香飘万里。

12月18日，螺蛳粉小镇文化节在柳州市柳南区螺蛳粉小镇开幕；同一天，柳州螺蛳粉青年创新创业大赛总决赛在柳州市鱼峰区窑埠古镇举行……柳州螺蛳粉在欢腾声中再次迈出了坚实步伐。

"敬畏"是做事的"边界"

如果一个人心中没有了敬畏，什么事都敢做。

郭美美又火了。2021年7月16日，上海铁路运输检察院发布公告称，依法对郭某某等13人以销售有毒、有害食品罪提起公诉。有媒体获悉，这个郭某某，就是前些年因开设赌场罪被判处有期徒刑5年的"网红"郭美美。2019年7月13日，郭美美刑满释放。

论说，重获自由的郭美美应该痛定思痛、吸取教训，用自己的双手开启新的生活。可出狱后不久，仗着自己"名气大"，郭美美开始利用网络平台，卖起了含有违禁成分（西布曲明）的减肥糖。含有违禁成分又怎样，只要能"赚快钱""挣大钱"，别人的生命和健康可以被忽视。这就是"郭美美们"的逻辑。在金钱面前，对生命和法律的敬畏，在他们这里似乎根本不存在。

近段时间备受关注的徽州宴老板娘，同样是个没有敬畏的人。在她的眼里，这个世界上的一切，都是可以被蔑视的。"老子有的是钱，赔个几千万还是赔得起的""你孩子的命还没有我的狗值钱"，就出自她之口。为此，她和徽州宴都付出了沉重代价，虽然网民们对此仍不满意。

世上足以让人敬畏的事物有很多。孔子说，"君子有三畏：畏天命，畏大人，畏圣人之言"。康德说，"有两样东西，人们越是长久地对之凝神思索，它们就越会让内心充满常新而日增的惊奇和敬畏：我头顶上的星空和心中的道德律"。作为一个正常人，对生命、法律和道德心存敬畏，是必要且必须的。

除金钱之外，那些对万事万物既"不敬"，又"无畏"的人，真是让人佩服他们的勇气——这得需要有多么无知，才能有如此胆量向规则和大众发起挑战呢？郭美美、徽州宴老板娘等，就有这样的"勇气"。

善于走歪门邪道的人，往往都很"努力"。比如，郭美美就曾在网上立字为据，标榜"自己不靠男人，就是女王，自己努力赚钱比什么都强"。殊不知，人一旦在邪路上飞奔，将会是越"努力"越接近于深渊，比南辕北辙的后果要严重得多。

心存敬畏，就会行有所止。赚钱和有钱都没错，但赚钱要"取之有道"，有钱莫"为富不仁"。做事情需要智慧，有时甚至需要不走寻常路。但无论什么样的路，都是有边界的，这边界就是合法、合规、合理、合乎道德。一旦出圈儿，就将"祸莫大焉"了。神话中的鬼神尚有规矩，现实世界中的人，就更得敬畏点儿什么了。

"无理由退货"不是"无理退货"

"七日无理由退货"，对于消费者来说是件好事。但有个别消费者把"无理由"当成"无条件"，表面上拿法律条款维权，实际上是为了满足一己私利试探法律底线，此风不可长。

2022年6月下旬，有一则新闻引人关注。浙江杭州一买家以5800元的价格网购了60只花瓶，并于收货后第6天申请退货。买家自称从事婚庆行业，网购花瓶为办婚礼所需，且花瓶并未使用。商家同意退货，哪知开箱验货时，却发现多只花瓶均有水渍，遂拒绝退款。在法院审理过程中，买家承认这些花瓶曾被使用过，但辩称花瓶并无损坏，符合"七日无理由退货"条件，要求商家退货并承担退货运费。最终，法院判决买家败诉。

法律法规从来不是任何一方为所欲为的工具，它保护的是涉事双方的合法权益，维护的是社会的公平正义。《中华人民共和国消费者权益保护法》第一条规定，"为保护消费者的合法权益，维护社会经济秩序，促进社会主义市场经济健康发展，制定本法"。《网络购买商品七日无理由退货暂行办法》也在第一条开宗明义，"为保障《消费者权益保护法》七日无理由退货规定的实施，保护消费者合法权益，促进电子商务健康发展，根据《消费者权益保护法》等相关法律、行政法规，制定本办法"。

显然，法律法规保护的是合法权益，维护的是社会的公平正义。消费者维权应依法进行，应避免过度维权，避免因此侵害经营者合法权益，甚至影响企业、行业健康发展。

2019年5月，一女生"买18件衣服去西藏旅游后退货"被骂上热搜。那年

"五一"前，该女生在淘宝某店买了18件民族风女装，总价4600多元。小长假一结束，她就在"七日无理由退货"的最后一天，发起退货请求。店主加了买家联系方式后，点开对方朋友圈却大吃一惊：对方竟和小姐妹穿着网购的衣服去西藏旅游，还发了不少美照。

笔者认为，"无理由退货"，支持的不是"无理"需求。如果消费者正常使用"七日无理由退货"规则，那么于己有利，也可以倒逼商家重视质量和服务。可若消费者滥用"后悔权"，想免费使用商品，就容易损害商家合法权益，也是不公平交易行为。

社会的所有美好，需要每个人共同努力。法律，仅仅是保障和底线。那些企图利用法律去片面满足私利的人，除了"止增笑耳"，还能留下什么呢？

这种捷径走不得

　　大道，平坦正途，但往往距离较远；小路，常被人称作捷径，距离会稍近，却又往往充满凶险。世间就是这般，难有两全之事。

　　做事，也是如此。希望走捷径的，常会先求捷径，吃了苦头寻捷径不得，方转头踏踏实实再做。就如同急于求成，揠苗助长，反而害得自己颗粒无收，赔了夫人又折兵。

　　就好比有人想打造一款矿泉水，起名叫"农妇山泉"，还满世界打广告说"农妇山泉有点甜"，"农夫"不跟"农妇"玩儿命才怪。

　　事实上，即使"农妇山泉"真的"有点甜"，甚至比"农夫山泉"还甜，人们也知道"农妇"究竟想干啥、在干啥——无非就是搭个便车，走个捷径，拿走别人精心打造的成果，让自己迅速成功。孙悟空还要经过九九八十一难才能取到"真经"，你凭什么一伸手就能拿到？

　　有多少成功之人，就有多少成功之路。世界上没有两片完全相同的叶子，也不会有两条一模一样的成功之路。即便用了人家的东西，就一定能像人家一样取得成功吗？再者说，他是他，你是你，为什么非要跟别人相同呢？咋就没个志气？

　　规则之下，因走捷径偷鸡不成蚀把米的，大有人在。有的因商标，有的因广告，有的因技术……厚利和侥幸之下，人们总是健忘，总希望别人的教训不会发生在自己身上，总妄想自己能够成为"擦边儿球"打得很好的幸运儿。只是事与愿违，真的没见过谁能把擦边儿球打得炉火纯青，立于不败之地的。

凡事靠捷径、靠投机，玩儿得小，别人懒得搭理你；一旦玩儿大了，必受惩罚，就像能漏网的，必定是"小鱼"一样。这道理，做人做事做企业都一样。

捷径虽艰险，但一直不乏胆儿肥的人前仆后继。其实，这也无妨，再增加几个警醒后来者的反面教材而已。这世间，从来不缺自以为聪明的人，倒是缺少脚踏实地肯下笨功夫的人。永远善待、奖励踏踏实实做人做事的人，或许正是这个世界的规则。

好一个"宁做我"

"南京到北京，买的不如卖的精"，这话很有些道理。受专业知识缺失、信息不对称等因素影响，商家往往在交易中占据优势。一些负责任的企业，宁肯踏实做事，也不忽悠消费者，尤为难能可贵。

前段时间，三五好友受邀，到某大学同学的公司做客。茶间，说到公司某款产品的推广，一个在广告营销领域浸润多年的朋友建议，不妨先以"免费体验"的方式诱导，在街头、商超引流客户，待客户到店后再销售。对此，做老板的同学有不同意见，认为这种方式的"引流"具有一定的"欺骗性"。于是，"广告营销大师"不得不历数自己获得的一些奖项，以证明其专业性和权威性。老板同学为了圆场，一边笑着倒茶，一边得体地恭维"大师"，临了抛出一句"不欺骗，宁做我"。

这个"宁做我"，让笔者想起东晋的一则故事。当时，大将军桓温志得意满，挑衅名臣殷浩："卿何如我？"（跟我比，你怎么样呢？）殷浩淡然一笑："我与我周旋久，宁作我。"（我比较了解自己，思来想去，还是觉得"做我自己"最好。）

在许多"免费体验"中，"免费"往往是噱头，一旦真的"体验"，不掏钱，顾客很难走人。比如，产品"免费"，服务"收费"；A产品"免费"，B产品"收费"，等等。诸如此类"招数儿"，难免让人心生厌恶。因为蝇头小利，丢掉整个未来，着实不值得。

企业负责人的思想及格局，就是企业未来的样子。是靠忽悠赚钱，还是实实在在做事，是一家企业融化在血液里的基因。"专业人士"的意见建议固然重要，但适合此企业的，未必适合彼企业。所以，选择权理应也必须在"东家"。

企业负责人的行事风格是员工的"风向标"。一家企业有什么样的企业文化，关键在领头人。老板温文尔雅，员工往往能让顾客如沐春风；老板习惯吹胡子瞪眼，员工遂也常常少谦逊有礼。企业文化是精神层面的，顾客却时刻能感受得到。至少，是舒畅还是糟心，大家心里都有一本账。

不能否认，时下依旧有些企业或小门店会用不规范的"免费体验"去引流客户，这或许是生存压力或眼界、见识使然。随着消费环境的日趋规范，盼望所有生意人都能将"不欺骗，宁做我"作为"生意经"。

美妙的"弦外之音"

一直以来，好广告总是直抒胸臆，向受众传递明确的商品信息。但没有什么一成不变。如今，随着媒介手段不断丰富和人们兴趣点逐渐增多，广告形式也日益多样化。短视频、微电影等，正越来越多地进入广告领域，承担起广告的"教育"和"说服"功能。

就像你侬我侬的两个人，一句"我爱你"，能让人怦然心动；默默给对方的车子加满油，出门时递上一只口罩，也给人别样的温暖。眼下，更多的短视频、微电影广告，就像一个懂你的人，在不经意间给你感动，戳中人们心中最柔软的部分。

最近，看了一部麦当劳的微电影《人生的弦外之音》：多年以前，小提琴家林昭亮教学生Kate拉琴。和所有孩子一样，Kate既有自己的理想，又背负家人的期望。但有些理想，不是仅凭爱好和努力就可以实现的。面对将来"想考波士顿交响乐团"的Kate，老师说"将来管理波士顿交响乐团也不错呀"。Kate读出了老师话里的弦外之音，这句话就像种子一样埋在了她心里。多年之后的重逢，Kate自豪地告诉老师："我现在是乐团经理。"故事最后引出老师的心声：看到她找到了自己的路，"这样的滋味，真好"。这句话一语双关，既是麦当劳的广告语，又体现出师生之间浓浓的爱意。

儿时的梦想固然美好，但未必一定会实现。比起梦想和成就，每一个人都能找到适合自己的人生，无疑更为重要。这就是微电影的"弦外之音"，也是它给人们的启示与共鸣。

早前的广告，总是开门见山地直呼"省优部优"、各种"金奖"，好像一个个"钢铁直男",向人们直接推介。后来,广告越来越讲"创意",靠画面和技巧用更加巧妙的形式获取受众的青睐。如今的短视频和微电影,则用"故事"打动人心,直击心灵。

人们愿意改变得越来越好,但似乎又不愿被教育,虽然大家时时刻刻都在接收信息,被各种信息教育、说服、影响。牛儿不往前走,在前面拉或在后面推,都吃力不讨好;在它面前拿一把青草,则能顺利地引导它一路向前。在各种信息极其丰富的今天,"故事"便是那一把"青草"。

"故事"的特性是感染力强。感染才能感动,感动才有共鸣。作为商品信息,有什么能比引起受众"共鸣"更重要的呢?任何讲出来的"故事",都不会是单独的存在,总会有讲述人的主张或目的隐藏在"故事"背后。这也正是"故事"的"弦外之音"。

如果非要我们看广告,相信受众期望看到更多类似直指人心的"故事",愿意领悟更多感同身受的"弦外之音"。我们都渴望生活中的一次次感动。只要有共鸣,我管你是不是广告。

小鹏们，你咋"不问苍生问鬼神"

互联网在集纳各种信息的同时，也对部分敏感信息具有放大作用。企业的经营行为，稍微有点"出圈儿"，就有可能被围观评论，甚至引起舆情，"无心广告被广告"。

2022年2月底至3月初，号称"未来出行探索者"的小鹏汽车就"被广告"了一波。相关视频显示，2月27日，云南昆明小鹏汽车某店迁址新店开业，几个身穿道袍的人前来为开业门店祈福，并在商场内敲镲念经。

此事一出，引来众多网友围观，并调侃"给车开光""新势力用旧法术""电动车改用法术驱动"。小鹏汽车官方紧急回应，为个别门店不当行为给公众带来的不良影响致歉，并称其行为与小鹏汽车"天生智能，探索不止"的企业理念背道而驰，责令该门店停业整顿。

近年来，一些跟高科技紧密相关的公司采取类似方式"祈福"并不鲜见。单从商业角度讲，主办方的美好愿望可以理解，但作为一场社会活动，主办方必须统筹兼顾品牌、社会影响等多方因素叠加而产生的效果，做到"三思而后行"。否则，就极有可能从"主观的美好愿望"变为"客观的乱糟糟闹剧"。

就像小鹏汽车某门店惹出的"事端"，东家急匆匆赶来"灭火"，事主"赔了夫人又折兵"，被请的一方事后也难免"脸上无光"，哪里又有赢家呢？

不管是公司或机构，也不论是不是跟高科技密切相关，直接打交道的，无不是作为消费者的社会公众。产品是否合心意、门店选址是否合理、商业价值高不高等问题，最有发言权的，无疑还是消费者。

有病问大夫，做菜问大厨，是再正常不过的事了。万事总逃不过一个客观规律。作为商业机构，解决商业问题，到底是问苍生当用，还是问鬼神灵验，答案似乎已经显而易见。

换条赛道往前冲

2022年6月，新东方在视频平台的直播间火了，其主播董宇辉霸屏了。卖个玉米、卖个地球仪、卖个牛排，董宇辉都能用中英文双语卖出三餐四季人间烟火世上真情。这种不一样的"带货"，让网友们着迷并感动——"我明明买个玉米，你给我讲哭了""一时不知道该记笔记还是该下单"……

这是新东方和董宇辉的狂欢，也是直播带货行业和千万个"董宇辉们"的盛宴。

辉煌的背后总是艰辛，新东方尤其如此。2021年，"双减"政策对新东方的震动不可谓不大。该"断腕"时必须"断腕"——8万套课桌椅直接捐给乡村学校，退租1500个教学点，进军直播带货！

一个教培行业的公司去做直播带货，无异于"重打锣鼓另开张"，难度可想而知。虽然网友"敬老俞是条汉子"，可谁都为他捏一把汗。

实践终于证明，老俞再次成功。新东方为什么能？新东方直播带货为什么行？

不靠颜值。一直以来，能在直播带货方面做得小有成就的主播，要么帅，要么漂亮。说实话，在这方面，董宇辉还真的没有什么优势。他曾自嘲，方形脸"酷似兵马俑"。

靠知识和情怀。与快语速的叫卖不同，"双语"＋"情怀"，让新东方异军突起。买东西能学英语、记单词，玩儿着就学到了知识，让众网友大开眼界。难怪有网友说，在新东方的直播间，"食物是赠品，知识是付费的"。儿时的回忆和生活的无奈与美好更是被主播们随手拈来。

靠积淀和人文。董宇辉火了之后，他的好口才引发热议。部分网友质疑其背后是否有专门的文案代写团队。对此，董宇辉回应称："那么简单的文案，不需要提前准备。每个老师在镜头前张口就来的东西，取决于你这些年读的书。"正应了那句话，一个人读过的书、走过的路、遇到的人、看过的风景，最后都会成为他自己的一部分。

靠心胸和格局。人，有多大心胸和格局，就能做多大事。人才是流动的，作为老师的董宇辉和其他主播能一直跟着老俞干下去吗？老俞说，目前确实有机构在挖他们，如果他们觉得新东方平台不够，离开新东方，他自己会很开心，因为他们是从新东方走出去的。

眼下，受大环境影响，不少市场主体遇到前所未有的困境。身处其中，无奈的、抱怨的、放弃的，都有。但除了发泄下情绪，对改变现实又有什么用呢？管用的，还得是咬着牙往前走。

世界上只有一种英雄主义，那就是，认清生活的真相之后依然热爱生活。这种英雄主义，才是一个真正成熟的人应该具有的优秀品质。

人生是长跑，如果此路不通，不妨像"打不死"的老俞那样，换条赛道坚定跑下去。说不定，能成。

小心"副业"成"负业"

2022年四五月间，在视频平台，"学配音""学编程""学剪辑"等一些内容非常火爆。这些视频，纷纷宣称"零基础入门""投入低、回报高"，有的甚至说"轻松月入万元"。目标人群以年轻人为主，主要有在校大学生、宝儿妈、兴趣爱好者等。

没"门槛儿"，不耽误"本职工作"，还能轻松赚大钱，难道世界上真有如此好事？

人们总希望有"捷径"通往幸福。然而，无数事实已经证明或正在证明，"捷径"往往不靠谱儿。

宝儿妈小魏，在家照顾孩子，一直没上班。"学配音"的视频，让她看到了"在家挣钱"的希望。既能照顾孩子，又能补贴家用，岂不一举两得？在免费试听的配音课上，老师的发音技巧"简单易学"，课后作业的"好评"和老师的"鼓励"让她信心大增。两个多月后，她发现，除了报班、购买设备花费的七八千元"投入"，她的配音水平根本没有提高多少，此前对方承诺的"接单""派单"更像个笑话——她只挣了200多元。

一直以来，拥有多种技能、多重职业和身份的"斜杠青年"，备受年轻人追捧。大学老师成为音乐家、漫画家，医务工作者成为作家的例子并不少，他们的"副业"做得比"主业"更有成就，让人羡慕。但"有人曾经成功"，却并不代表"人人都可成功"。

善于、勇于学习新技能值得提倡。本职工作外，谁都可以写作、摄影、画画、弹唱……作为兴趣，这些都能陶冶人的情操，也能让自己的生活过得更为多姿多彩。多才多艺，历来备受推崇，也可以让人生更有滋味。所谓"艺多不压身"，挺好。

"副业"面前擦亮眼睛。大家都知道"不贪便宜就不会上当"，但不少人往往"信一套、做一套"，仍会"因贪受损"。从前些年的种植、养殖、加工、加盟，到如今的"零门槛"学习各种技能，造成财产损失的，皆是如此。不是"学技能"不可以，而是"学"之前要做好各方面调研，看自己是不是"输得起"。

警惕"副业"变"负业"。某项技能没学成，器材倒是配齐了；某个爱好没坚持，行头倒弄了个全套的……类似的事情，相信很多人都有切身体会。自己没毅力怪不得别人，倘若是受了商家的鼓动而"投资"有损，则难免"有苦难言"。因为想"挣钱"而"赔钱"、把"副业"做成了"负业"，事例已足够多，教训已足够深。

对多数人来说，"主业"是安身立命的基础；"副业"是"余力之外"锦上添花的事。"主业"尚能力不足，又在"副业"上另辟蹊径，难免有舍本逐末之感。一时兴起的事，往往始于兴致，终于现实。

"卖惨"并不必然"卖货"，别再丢蜂花的脸了

老品牌蜂花冲上热搜第一。

原因是——辟谣。

2022年5月18日，网传消息称蜂花老板亲自直播，含泪表示，蜂花有37年历史，不是杂牌，一直受外资企业打压，37年无违规，10年来仅仅涨价2元钱。配图还显示"老板女儿亲自直播，只有两人在线"。

蜂花，是有历史，是物美价廉。但人家根本就没"直播卖惨"。所以，蜂花赶紧出来辟谣了。既为澄清事实，也为防止善良而忠实的消费者上当受骗。

蜂花官方微博称，从3月16日封控到现在，老板一直在忙碌复工复产的事情，暂无时间直播。非紧急需求建议解封后购买，因为目前货源非常紧张。

其实，早在去年11月，蜂花就发布过类似澄清，"经查证，视频及直播间均有假冒、造谣、卖惨等营销行为"，并提醒广大受众和消费者认准蓝V官方号。同时，正告别有用心者，切勿触碰法律红线，网络并非法外之地。

说实话，看到蜂花的辟谣，我挺高兴的。因为这证明蜂花一直很好、很美、很强，一点儿都没"没落"，还是我心中的那个"蜂花"。

一直对蜂花有感情，既因为它是国货，又因为它物美价廉，还因为"用惯了"。国人支持国货，顺理成章；偏爱物美价廉的商品，人之常情；信任、信赖老品牌，更是"千金难买我愿意"。就像有些消费者偏爱国际大牌一样，消费观不同，选择自然不同，萝卜青菜各有所爱，那又有什么关系呢？

如果那些"谣言"不是"谣言"，反而倒让像我这样的消费者不踏实了。除了惋惜、心疼，也只能尽自己的一份力量，多买点儿货了。

从目前的情况来看，那些"卖惨"视频，无非是为了卖货——博取受众的同情而达成消费。表面来看，那些视频是在帮蜂花卖货，貌似是好事；从深层意义上看，并不是好事，它在无底线地消费大众的同情心，是在通过"假卖惨"真牟利，也对蜂花的品牌、名誉和声誉造成了损害。

近年来，我们的国货很争气，从外观到内在品质都不输国外大牌。冬奥会上耀眼的安踏，就是最好的例证。蜂花，除了外观多年未变，其他的都在越变越好、越变越强。正应了蜂花的那句话"国货很强""它是革新，是创造。从中国制造到中国智造，开创无限可能"。

对于那些靠"卖别人的惨"去卖货的商家，也想提醒一句："卖惨"并不必然卖货，能卖别人的惨，你咋不卖自己的惨呢？啥时候，蜂花急眼了，追究你责任，看你咋整！再者说，谁见过靠欺骗能长久的？踏踏实实，卖真货、卖好货，自然会有好受益。

国货之光，真的很强。每个国人，也得强。装出一副可怜兮兮的样子，欺骗别人的同情心，岂是强者做得出的事？这等下三滥的招数，我等看不上。

沟通不对，努力白费

2022年9月，广西皇氏乳业旗下一款风味酸奶被送上热搜，这款酸奶的配料表显示，其添加的益生菌菌株"从巴马百岁老人肠道采集筛选"。对此，有网友表示，"突然就变味了，不想喝酸奶了""其实你只用告诉我是什么益生菌，不用告诉我是怎么提取的"。

该风味酸奶说错了？丝毫没有。

据报道，有营养专家表示，一部分益生菌的"老祖宗"来自健康人群的肠道，也就是从粪便里面分离出来的。但摄入益生菌不等于服用了粪便，菌种分裂后，还要培养很多代才会拿来应用。

既然商家说的是实话，为什么受众还不买账呢——忽视了受众的感受。巴马瑶族自治县在我国广西，是著名的"世界长寿之乡"。酸奶里的益生菌再多、再好，宣称从"肠道采集筛选"，也难免让人感觉"口味重"。

商家本想突出该风味酸奶的"菌株"是如何优秀、如何与众不同，却不料令受众印象深刻的既不是"巴马"，也不是"百岁"，而是"肠道"。好端端一款"特色"商品，通过自己大张旗鼓地宣传，就这么轻而易举地把"优势"变成了"劣势"。

商家的实话实说并没有错，错就错在了"部分性陈述事实"且"不顾消费者感受"。

举个很简单的例子。消费者普遍偏爱施用农家肥的蔬菜、水果，认为比施用化肥的更健康。农家肥是怎么来的？鸡粪、猪粪、人粪尿、枯枝烂叶等，经过收集、积制，都是上好的农家肥。但哪个菜农、果农会到处吆喝他的菜是"吃"了这些东西长出来的？想要卖个高价钱，只会突出宣传"农家肥"。况且，农家肥是要经过积制的，并不等于各种粪便。

那款风味酸奶中的"菌株"也是如此。该说的实话，是"菌株"从"长寿之乡"筛选，而不是从谁的"肠道"筛选。如果非要说从某人的"肠道"筛选，就必须要把事实说完全，来个益生菌大科普——此工程之大、消费者接受时间之长，恐怕企业承受不了，也等不起。

说话要合时宜，是老百姓都懂的道理。就像鲁迅先生的一篇作品里写的，有户人家摆满月酒，来宾都在说恭维话，宾主尽欢；偏偏有个不开眼的说了句实话"这孩子将来是要死的"，被合力痛打。

说话是沟通，文字是沟通，广告和营销更是沟通。日本企业家松下幸之助曾说，企业管理过去是沟通，现在是沟通，未来还是沟通。

不到位的沟通和用力过猛的沟通，都不是好的沟通。那个风味酸奶与消费者的沟通，恐怕就属"用力过猛"之类。难怪有人说它是"过度营销"。

把所有实话都实说，是真实人生，但未必是对的；真话不全说，假话全不说，是艺术人生，往往走在正确的路上。

假卖惨真带货，"鳄鱼的眼泪"不能信

往年，每逢瓜果丰收，一些自媒体就会出于"爱心"，拍几个视频，发几篇文章，说"张老汉""刘小丫"家的日子如何不易，如今瓜果如何滞销，"号召"大家来买。但是让人大跌眼镜的是，这些"爱心"多是假的，骗取消费者"爱心"购物倒是真的。

前些天还在一直庆幸，今年咋没有了类似视频和文章，人们的"爱心"终于不再被骗了。现实往往比任何剧情都更让人意外。庆幸了才两三天，"爱心人士"竟然又来了。2022年8月4日，某公司微信公众号发布名为《痛心！数百万斤攀枝花凯特芒果滞销！》的文章，称攀枝花芒果严重滞销，"芒果烂在树上，坏在家里，当地果农十分着急"……

接到相关线索，四川省攀枝花市市场监管局第一时间责令当事人删除上述悲情营销内容，并对其进行政策讲解、法律宣贯。8月12日，攀枝花市市场监管局在官方微信公众号发文《小心攀枝花水果的网购消费陷阱！》，提醒广大消费者，自觉抵制、积极举报虚假不实的"悲情营销""卖惨带货"。

其实，这样的例子并不少见。2021年四川会理石榴上市的季节，在一段短视频中，一个头发花白的老大爷步履蹒跚地挑着两桶水，地上有一些裂开的石榴，同时配有带着哭腔的声音，画面配文"很多石榴烂了，不如烂在地里当肥料了"。事后经当地调查，视频中的画面、声音为拼凑制作，文字表述与事实不符；会理石榴并不存在滞销，涉嫌发布虚假信息。最终，5个严重违规账号被永久封禁和永久关闭电商权限，18个违规账号被扣除信用分。

前几年，一些滞销的农产品经媒体报道，爱心人士纷纷慷慨解囊，帮助农民渡过了难关。于是，不良商家嗅到"商机"，"悲情营销""卖惨带货"开始粉墨登场，严重干扰了正常市场秩序。

虚假宣传涉嫌违法。卖货不是演戏，不能想说啥说啥，不能想咋演咋演。"悲情营销""卖惨带货"虚构事实、牟取利益，说其涉嫌虚假宣传、消费欺诈，侵害了消费者知情权，毫不为过。这种行为，已经触碰了法律法规的"红线"，应该受到严惩。

消费"爱心"有悖社会公德。这世界因爱而美好。把别人的爱心玩弄于股掌之间，是失德的表现。一次、两次"狼来了"，大家相信，次数多了呢？"假作真时真亦假"，"悲情营销""卖惨带货"的泛滥，将严重影响公益事业发展和诚信体系建设，对真正需要帮助的人更是"釜底抽薪"。

执法部门和平台应持续加大治理力度。"悲情营销""卖惨带货"事件发生后，好在都及时被揭穿，执法部门也对其依法处理。为什么这种事会一而再再而三地发生呢？归根结底，还是违法成本太低。相关执法部门与平台方联合开展整治行动，建立切实可行的惩戒机制，恐怕才是"标本兼治"之举。

这样的"罪人"，不能当，也当不起

2022年上半年，受新冠肺炎疫情多点散发和局地小范围暴发的影响，我国旅游行业继续承受较大压力。随着政府有关部门出台的一揽子纾困帮扶政策措施持续发力，以及疫情得到有效控制，6月份以来，各地文化和旅游活动逐步恢复，旅游市场开始回暖，并在暑期走热。

然而，来之不易的大好形势下，总有一些不和谐因素前来"添堵"。

7月19—26日，刘敏（化名）和朋友报名参加了一个六天五晚的云南旅行团，两人团费共计1580元，这里面包含了吃住费用，不含机票。旅游过程中，导游不仅不允许游客之间相互添加联系方式，还要挟称知道游客们的身份证号和家庭住址，不购物消费将追回旅行费差价。导游甚至为游客划分了购物消费层级，"工薪阶层消费3000—8000元，都市小白领消费8000—20000元"。

旅游变成了购物，还要挟知道游客的"身份证号和家庭住址"，这分明是赤裸裸地恐吓和敲诈。

说实话，不少游客在旅游过程中，偶尔被"小宰"一下，往往懒得计较，因为大家心里清楚，旅游是为了开心，不想为了一点儿小事让自己堵心、糟心。你用小刀儿割我一下倒也罢了，谁知道你真的搞了个四十米长的大砍刀。

云南旅行团事件被曝光后，事情很快有了回应。

8月6日，云南省文化和旅游厅综合执法监督局针对此事发布通报，经调查，视频信息中的录音为导游沈某某在提供导游服务过程中的部分讲解内容，其言行涉嫌变相强迫游客购物；云南国中国际旅行社有限公司涉嫌存在未征得游客同意，将游客委托给其他旅行社接待等违法违规行为；大理大香格旅行社有限公司涉嫌存在未与游客协商一致的情况下，安排团队到指定购物场所购物等违法违规行为。该局已责成有关州市在前期调查的基础上，对涉事旅行社及涉事导游依法依规快速查处。

不得不说，云南文旅部门反应速度及时，处理方式积极。这既是对游客合法权益的负责，也是对云南旅游市场的负责。

暑期来临，在做好疫情防控的同时，多地围绕文旅市场推出精品路线，优化文旅服务，持续激发文旅市场潜力。论说，"闲了"这么长时间的文旅企业和从业人员，应该群情振奋，抓住大好时机，甩开膀子大干一场。少部分人却偏偏错误理解了这个"大好时机"的内涵，把"好好服务"变成了"狠宰一刀"。旅游经济在很大程度上是"口碑经济"，恶劣的人文环境，足以掩盖万千美景的光辉，也足以把一件"长期的好事"变成"一锤子买卖"。

8月初，云南省文化和旅游厅公布了13起旅游市场违法违规典型案例，警醒该省文旅企业及从业人员以此为鉴、引以为戒，共同维护好云南旅游这块金字招牌。我们有足够的理由相信，下一期的典型案例，定有此事件。

旅游市场不仅关乎某个景点的经济收入，也关乎一地的营商环境、良好形象，更关乎广大游客的合法权益。来之不易的旅游复苏成果，需要全社会共同巩固和呵护，绝不能任由个别企业、个别人"坏了一锅好汤"。这样的"罪人"，谁都不能当，也当不起。

保险广告"保险"吗

"选择性叙述事实",是个大坑,很容易把人逼疯。因为他"叙述"的虽是"事实",但只是部分"事实",因此基于此"事实"得出的"结论"未必正确,甚至完全错误。如果身边有这样的人,我们肯定会把此人定义为"狡猾",至少是"不实在"。

2022年7月20日,中国保监会网站公布一则行政处罚决定书,广东轻松保保险经纪有限公司(以下简称轻松保)因销售保险产品时宣传"首月0元""首月0.1元"等,与产品备案的条款费率不一致,被处罚金100万元,相关责任人也受到相应处罚。

这个轻松保就可谓非常"不实在"。

该公司在销售两款保险产品时,宣传销售页面分别列示"首月0元""首月0.1元"等内容。"首月不收取保费"是真,其却将全年应交保费平摊至后11个月;"首月0.1元"也是真,实际则是将全年应交保费扣除首月0.1元后,将剩余保费平摊至后11个月。

只看宣传,消费者捡了个大便宜;仔细算账,才发现要交的钱一分没少。

这虽是个例,却极具普遍性。当事人说的话是事实,但却只说了前半句,至关重要的后半句却只字未提。就好比你问"张三来了吗",对方告诉你"来了",却没告诉你"又走了"。着实让人可恼、可恨。

比如,价格昂贵的CAR-T疗法对淋巴瘤、血液瘤有着较好的治疗效果,但并非"神药"包治百病。湖南株洲某保险公司"CAR-T权益卡"的宣传语"治愈癌症不再是梦""120万一针,打了要钱,不打要命",却遭到了消费者质疑。有消费者表示，该宣传语很容易让人把CAR-T疗法当成治疗大部分癌症或者所有癌症的"妙药"。也有法律界人士表示，该宣传语属于医疗广告宣传，应遵守医疗广告宣传相关规定，涉嫌违反医疗广告相关规定。

再有，前段时间应时而生的"隔离险"，也让不少人入了坑，遭遇了"理赔难"。

保险广告"不保险"，从小处说，损害的是保险公司的声誉；从大处讲，侵害的是消费者利益，影响了行业的健康规范发展。怎么解？说三点。

一是监管层面要执法必严。像银保监会那样，依法办事，该罚的罚，该公布的公布，形成威慑力，以儆效尤。

二是当事企业好自为之。骗人成不了大生意，靠耍花招坑人的都是一锤子买卖。况且，在法治社会，即便伎俩得逞，也会付出代价，伤人害己，得不偿失。

三是消费者应该有基本常识。不能别人说什么，就信什么。如果这也赔，那也赔，那保险公司岂不早就赔个底儿掉了？对基本的科学知识和人性要有基本判断，高科技的真伪或许我们甄别不了，白纸黑字的东西还是仔细看、认真想为妙。免得给自己带来不必要的麻烦。

化妆品代言要"变天"?

男明星代言女性化妆品，在广告中顾盼生姿，如今貌似大行其道。

查了下，还真是不少，个个都是当下最红、粉丝一个比一个疯狂的流量明星。而且，据说市场反响还不错。

个别现象，没必要探讨；普遍现象，值得关注。

男明星代言化妆品，源于日本，盛于韩国，风靡在我们这儿。

我不再年轻，但也绝不是"老古董"，接受新事物的速度和广度自认为还算可以，一直以来，对那些"小鲜肉"的打扮和装束，一贯保持"尊重个人选择、坚决不予提倡"的态度。但世界的确很小，那些原以为远在天边的，某天竟突然"近在眼前"。

有一次，请朋友一家吃饭。朋友家的小子十八九岁，在日本上大学。席间，发现他模样俊俏，只有眉宇间还有些许早年的样子。饭后对此感慨，侄女竟说那小伙儿扑了粉底、描了眉毛、涂了眼影……搞得我好半天没说出话来。

与一位搞营销的朋友谈起"小鲜肉"代言化妆品的话题。他说，品牌商看中"小鲜肉"自带的"流量"，也就是"带货"能力。"小鲜肉"的粉丝以年轻女性为主，他们喜欢的，就是粉丝追捧的。并且，化妆品品牌都主打年轻、时尚，在"男色当道"的情况下，有哪个品牌愿以老气横秋的面目出现呢？

不得不说，朋友的这堂"营销课"讲得十分精彩且言之有理，但唯独缺少社会价值观方面的考量。

"小鲜肉"的确用过他代言的产品吗？谁都不好说。但有一点是肯定的——他们的行为经媒介传播后，产生了巨大的社会影响，尤其在年轻人或孩子们中间。小伙子浓妆艳抹、戴耳钉、留彩发就是"帅"吗？广告既然称得上是一种"文化"产品，就必然具有教化和引导作用。那么男明星抹口红、擦粉底、敷面膜的这种广告，又将把年轻人的审美观引向何方呢？

原本属于"半边天"的化妆品，却非得用"另外半边天"去代言，除了商业价值，咋都想不通这个理儿。人各有志，索性不去想。反正，假如我有闺女，肯定不会让她嫁个描眉画眼涂口红的爷们儿——如果我能做主的话。

强骨气

没有骨气，人有何用？

一身傲骨，并非不食人间烟火。相反，傲骨就在日用间。

万事皆难，且看我如何破它。

让违法者付出沉重代价

食品安全做到"零风险"，对世界各国来说，都是件难事。越是如此，作为服务社会公众的政府和监管部门，越有必要、有责任，也必须对各种违法行为"零容忍"。只有这样，才是真正的"以人民为中心"。

2019年3月26日，国务院常务会议通过《中华人民共和国食品安全法实施条例（草案）》，细化了生产经营者主体责任、政府监管职责和问责措施，依法按程序加大对违法违规企业及其法定代表人等相关责任人的处罚力度，确保食品安全。

李克强总理在会上强调，食品安全是天大的事，必须坚决守住安全底线。对那些造成严重食品安全事件后果的企业责任人，要从重处罚，罚到他们倾家荡产。

党的十八大以来，党中央、国务院高度重视食品安全工作。用最严谨的标准、最严格的监管、最严厉的处罚、最严肃的问责，确保广大人民群众"舌尖上的安全"；进一步落实食品安全属地管理责任；把食品安全工作纳入地方党政领导干部政绩考核内容；要求各级党委和政府把食品安全工作作为一项重大政治任务来抓；出台《地方党政领导干部食品安全责任制规定》，进一步压实地方政府的责任……一系列要求和部署，无不彰显了我国治理食品安全的信心和决心。

一分部署，九分落实。市场监管部门最新的统计数字显示，2018年，全国共查处食品违法案件29.97万件，货值金额7.6亿元，罚款35.5亿元，没收违法所得1.67亿元，吊销许可证219个，捣毁违法生产经营窝点360个。

客观来说，食品安全工作近年来虽然取得了一些成绩，但存在的问题不容乐观，与人民群众的期待仍相差较远。为什么会出现如此局面呢？

违法成本相对较低，是其中一个重要因素。安全的食品是"产出来"的，也是"管出来"的，二者同等重要，不可偏废其中任何一点。此次国务院常务会议提出的"细化生产经营者主体责任"，加大处罚力度，"让恶意违法者付出沉重代价"，无疑能从制度上震慑违法生产经营者，大大提高违法成本，规范他们的行为。

在食品安全问题上，欧美等发达国家之所以做得较好，很重要的一个原因是得益于其上百年的法治保障。只有立法相对完善，执法严格到位，生产经营者切实履行主体责任，才能进一步提高全社会防范化解食品安全风险的能力，人民群众也才能真正放心、满意。

"近忧"与"远虑"

都说"人无远虑，必有近忧"，可眼下，对不少速冻食品行业的从业者来说，是既有"远虑"又有"近忧"。2020年5月，一位从事速冻食品行业十几年的朋友对我说。

这个朋友的企业，规模不大，但效益很好。究其原因，是因为疫情发生以来，人们都宅在家里，所以速冻饺子、包子、馄饨、汤圆等销量大增。他说，这也是一些速冻食品龙头企业效益猛增的重要原因。

我们的文化一直推崇"居安思危"，所以，在效益颇好的顺境之下，"远虑"可以理解，但"近忧"又如何解释呢？

按那位朋友的说法，疫情总会过去，人们也不可能总宅在家里。目前，正常的生活、工作秩序正在快速有序恢复。疫情过后，速冻食品企业如何才能继续保持好的收益？

能在效益好的时候，看到未来效益有可能不再这么好；能在特殊时期，想到回归正常之后怎么办，不得不佩服这种居安思危的"忧患"意识。

能提出问题，还要善于解决问题。对此，朋友给出的解决方案，是扩大销售渠道和做品牌。在现有销售渠道的基础上，继续开发、拓展新的销售渠道，尽可能多地占领市场，为的是解决"近忧"的问题；继续保证良好品质，把品牌逐渐做强做大，靠品牌赢得市场，用以解决"远虑"的问题。

做任何一件事，都会遇到想得到、想不到的困难。凡是务实的人，做决定的时候，肯定也会想到实现既定目标所需要跨越的重重障碍，需要翻越的重重关山。居"安"能思"危"，"危"中能看到"机"，这种时时处处都存在的"近忧"与"远虑"意识，与其说是一种市场视角，不如说更是一种人文精神——一种深深植根于我们民族灵魂深处的"生于忧患，死于安乐"的精神底色。

受此次疫情影响严重的企业，除了看到资金困难、人员不足的"近忧"，也要有渡过难关的"特殊手段"，以及渡过难关之后如何进一步发展的"远虑"。一些目前效益较好的企业，也不要被眼前的繁花迷住了双眼，不能把非常态误认为常态，而要"常将有日思无日"，未雨绸缪，在"安"中看到"危"，为今后的市场竞争做好万全准备。

无论市场形势多么复杂多变，只要胜不骄败不馁，时刻持有"近忧"与"远虑"的戒惧之心，就一定能渡过难关、爬过高坡，到达下一个光明之处。

"夕惕若厉，无咎"。一天到晚常怀戒惧之心，不敢丝毫懈怠，才能避免祸患。无论疫情之中，还是疫情之后，这句话所蕴含的道理，都"诚不我欺"。

"地摊经济"考验监管合力

2020年五六月间,"地摊经济"火了起来,大有"凡有井水处,皆谈'地摊经济'"的意味。

全国疫情防控形势好转之后,在稳就业和保民生方面,"地摊经济"无疑可以发挥重要作用。成都、西安、杭州等地纷纷出台措施,允许市民摆摊设点,助力经济复苏,群众对此也持乐观态度。但也有人提出了非常现实的问题,如此一来,交通、卫生、食品安全等城市管理怎么办?

处事冷静者,历来难能可贵。至少,不随大流的思维方式,可以帮助我们更清醒地思考当下面临的形势和问题。现代城市需要精细化管理,"一禁了之"不可取,"一放了之"不负责。"一禁了之"和"一放了之",同样要不得。好在各地在出台支持"地摊经济"措施的同时,已考虑得比较周全,作出了一些硬性规定。比如,对摆摊设点的时间、区域等做了明确规定,监管手段也没有放松。这种升级版"地摊经济",才是人民群众所需要的。

在"地摊经济"中,小吃、烧烤、农产品等占了很大一部分。交通、卫生、食品安全等问题,的确是政府和监管部门面临的一个严峻考验。管好一个小小的"地摊",背后是若干行政资源的整合,考验的是整体的精细化、规范化、现代化的城市管理。管好"地摊经济",非得多部门协同谋划、联合推进不可。尤其对于党和政府一直高度重视的食品安全,一方面监管部门要下大力气;另一方面也需要经营者严格自律,消费者广泛参与。如此"多管齐下",才有可能把食品安全风险降到最低,才有可能保持来之不易的食品安全状况总体稳中向好的良好态势。

　　人民群众和经济发展需要的，是规范有序的"地摊经济"。但愿监管部门的付出和努力，以及每一个经营者的自律，给万众瞩目的精细化城市管理带来新实践、新经验，给百姓带来方便、有序的新生活。

从机器人餐厅说创新

市场的不确定性，历来有之，就像天有不测风云一样，始终伴随着行业的发展。

疫情发生以来，餐饮业受到严重影响。一些有实力的餐饮企业，开始考虑重新优化餐厅成本结构等问题。以变化应对变化，成为"远虑者"们不得不思考的重要课题。

2020年6月22日，碧桂园旗下千玺餐饮机器人集团打造的FOODOM天降美食王国综合体正式开业。综合体涵盖中餐、火锅、快餐三大业态，炒锅机器人、煲仔饭机器人、粉面机器人等20余种餐饮机器人列阵迎客。目前，餐厅已开发各式菜品近200种，最快20秒出餐，通过AGV送菜小车送抵客位。

机器人餐厅的效果和效益如何，现在下结论未免为时尚早。但它至少提供了一种新的服务业态，一种利用新技术的新探索。如果它的技术够成熟、够可行，无疑可以节约大量人工成本，就像现在大行其道的"无人车间"。优化餐饮业成本结构，将多了一种选择。人工成本那么高，如果机器能做，又何乐而不为呢？

碧桂园机器人餐厅的创立，与疫情并没有直接关系。早在2018年，碧桂园就宣布拟建机器人餐厅，由机器人负责下单、炒菜、送菜。用机器代替人工，碧桂园看中的，是跨界融合，是大势所趋。

近几年比较流行的一句话是：打败你的不是对手，颠覆你的不是同行，而是传统思维和落后观念。谁能想到，通信公司的对手竟然是网络公司，共享单车竟然能让屡禁不绝的摩的三轮销声匿迹。

即使没有疫情，包括餐饮业在内的各行业也会在其他因素的催化下逐渐升级迭代。

不变，是暂时的；变化，是永恒的。审时度势，尽早谋划长期战略布局，化危为机求创新、谋发展，值得每一家企业思考。

机器人餐厅带给我们的，不应是观望，更不应该是恐慌，而应该是改变和创新的种子。

恶名岂可远扬

2020年上半年，有两件事因为"恶"，而颇为博人眼球。除人们普遍认为的"伤风败俗"和"违法广告"外，我更倾向于称之为"恶行"。

一件事，是某女子在××商场拍摄裸露视频并在网上传播。据报道，针对网友认为不雅视频事件是企业营销策略的怀疑，该企业通过其官方微博发布声明，称坚决反对并谴责这种行为，并已第一时间报警。此事无论是企业行为还是个人行为，肯定都是为了通过"辣眼睛"的"现眼"获取公众的关注。商场有男有女，有老有少，如此不堪的"表演"，岂止是伤风败俗？称之为"恶行"，毫不为过。并且，对于在公共场所故意裸露，情节恶劣或造成影响的，《治安管理处罚法》是有明确罚则的。

另一件事，河北沧州市民刘女士看到地上有一张"百元大钞"，捡起来一看，才发现是某商家为吸引人发放的广告卡片。这种貌似小儿科的营销方式，其实近几年一直存在。2015年2月，河南开封一商家抛撒"百元大钞"，一度造成交通拥堵，还有老人因为"抢钱"闪了腰、崴了脚。抢到手之后，方知"大钞"原来是广告卡片。2016年6月，山东某地也有类似的印有贷款信息的广告卡片。

"禁止在宣传品、出版物或者其他商品上使用人民币图案"是法律规定。为了一己私利，把人民币上那些具有特殊意义的国徽、伟人肖像等随意用作商业用途，不是"恶行"又是什么？

发广告的目的，是让公众记住所宣传的内容。如此卑劣的广而告之，假如人们能记住的话，恐怕只是事主的"恶行"与因此而带来的"恶名"，而不是其他。

创意无限，违法不可。为了达到所谓"广告到达率"，不惜挑战社会底线和法律底线，以身试法，除表明"江郎才尽"外，侥幸心理和违法成本过低恐怕也是一个重要原因。对于这样的广告，执法机关要依法严厉处罚，广大媒体也不妨再给个"豆腐块儿"宣传报道，"满足"他们想"出名"的愿望。

哗众取宠者，多以自取其辱结局。这样的道理，希望那些善于"作"的人，做事之前先想想明白。

从农民"抖音卖米"说开去

2020年5月，采访过的一个山东农民朋友联系我，请我关注他的抖音号。原因是，他开始在抖音上为自己的小米品牌做广告推广了。

抖音视频中，他皮肤还是那么黑，牙还是那么白，整个儿人还是那么精干、有活力。说实在的，他的视频拍得很简单，推广手法也很"硬"。但作为一个地地道道的农民，能做到这一步，已经很不错了。

这位朋友是个有心人。去年，他为自家种的小米申请了注册商标，拥有了属于自己的品牌；如今，又利用抖音为自己的小米品牌做广告，不得不让人心生敬意。

不少人说，刷抖音太浪费时间。没错，海量的短视频精彩、好看，不知不觉就会"偷走"人们大把的时间。最近的数据显示，2020年3月，抖音用户规模为5.18亿，同比增长14.6%，月人均使用时长为28.5小时，与去年同期相比增长72.7%。海量的用户背后是海量的受众。这些受众虽不精准，但数量的确可观。

朋友说，他开设这个账号，一来为了跟孩子自拍玩儿；二来为了推广他的小米品牌。提起效果，他说"还可以"，一则视频中流水般打印的订单就是最好的说明。对他来说，抖音不是"偷走"他时间的罪魁祸首，而是帮他挣钱的"工具"和"帮手"。

世间的好多"工具"均是如此。刀，可以切菜，也可以伤人，关键在于如何使用，绝不能因为它能伤人，就判定它是个坏东西。抖音等互联网短视频平台，也是如此。有人拿它娱乐，有人拿它消磨时间，更有人拿它作为

"工具"获得效益。使用的目的和方式不同，获得的结果自然不同，怪不得"工具"。就像一部《红楼梦》，"经学家看见《易》，道学家看见淫，才子看见缠绵，革命家看见排满，流言家看见宫闱秘事"。

我不是抖音的"托儿"，犯不上为它说话。想说的只有一点，如今，互联网经济大行其道，合理利用互联网，是当下促进各行业复工复产、恢复经济社会发展的一条好路子。眼下火爆且效果明显的云展览、云旅游等，不就是最好的证明吗？有好的"工具"而不用，简直是"天予不取"。

开新局当未雨绸缪

　　2020年7月末，网络红人李子柒此前签约的杭州某品牌管理公司，在广西成立了一家新公司，主要经营食品。有报道认为，该品牌管理公司之所以在食品领域开展商业探索，或许是想通过孵化消费品牌，在这一领域有所作为。

　　该品牌管理公司网站显示，公司十几人的"KOL天团"，既有各路"美食家"，也有各路"时尚美妆博主"，李子柒只是其中之一，"李子柒"品牌是其"新消费品牌"。

　　该公司之所以看上了李子柒，与她巨大的网络影响力有着必然联系。近年来，李子柒的原创短视频不但被国内网友追捧，而且被国外网友称为"来自东方的神秘力量"。目前，李子柒在微博上的粉丝数量2639万，抖音粉丝数量高达3940万。

　　这一桩公司与个人的"姻缘"，无疑对双方都有好处。这也正契合了该公司"文化赋能商业，商业护航文化"的定位。据报道，2018年8月，李子柒同名天猫旗舰店上线6天，仅有5款产品的店铺销售额突破千万。

　　商业追逐利益，没有错。但品牌管理公司涉足食品，未免让人为其捏把汗。

　　目前的食品企业，主要采取两种方式运作，一种是自建自营工厂，另一种是授权贴牌代工，两种方式各有利弊。这家刚刚成立的食品公司，将采取哪种方式运作，目前尚不可知。但无论怎样，对一家品牌管理公司来说，进军食品行业，的确颇具挑战性，即便有李子柒这样的网络红人做招牌。

　　食品行业要求严、标准高、专业性强。建一家食品工厂，至少要做到原料、加工、成品、包装、贮运等自始至终安全卫生和不被污染。生产环境、生产设备、加工工艺及过程、检验设备、贮运要求等，更须按食品法令、规范严格执行。可以说，比运作一家普通工厂难多了。

食品安全责任大。食品安全是全社会关注的头等大事，其重要性怎么强调都不过分，执行"四个最严"要求也丝毫不能懈怠。食品作为消费量大、消费频次高的快消品，任何环节一旦出现问题，社会公众肯定口诛笔伐，毫不留情。若干因出了问题而被送上风口浪尖的知名餐饮企业和食品制造企业，就是前车之鉴。只要出现问题，不管是不是代工生产，品牌都必须承担巨大责任。

因此，无论自建工厂生产还是采取代工生产，这家公司首先要做的，无疑是未雨绸缪，下大力气加强管理和品控能力。所有欲开新局的企业，也应如此。

严管"直播带货"正逢时

近段时间,"直播带货"跟这个夏天的温度差不多,一直挺热。

2020年7月1日,中国广告协会制定的《网络直播营销行为规范》(以下简称《规范》)开始施行,对网络直播营销中的商家、主播、平台经营者、主播服务机构和参与用户的行为作出规范,鼓励自律自治。从社会各界的反映来看,《规范》赢得"一边儿倒"的支持,尽管它并不具有强制性。

前几天,中国消费者协会发布《"6·18"消费维权舆情分析报告》,其中"直播带货"问题不少。报告显示,"直播带货"的"槽点"主要集中在:商家未能充分履行证照信息公示义务;部分主播涉嫌存在违规宣传问题;产品质量货不对板,向网民兜售"三无"产品、假冒伪劣商品等;直播刷粉丝数据、销售量刷单造假"杀雏";售后服务难保障等。

上述报告指出的种种问题,恰是社会各界"一边儿倒"支持《规范》的根本原因。就像对付个不懂事的孩子,正愁咋管他呢,如今出来个教他学好的,怎能不受欢迎?

疫情发生以来,"直播带货"大显身手,成为不少企业转型的重要抓手。它最直接的效果,既可直接达成线上销售,又可为线下门店导流,还可以通过直播交流增加用户黏性,可谓"一石三鸟"。

"直播带货"的缺点和优点一样明显。网络红人老罗,一直乐于称自己的货"全网最低价",可现实啪啪打脸,不少货比别人家的价格高。于是乎,"低过老罗"成为热词。还有,不少商家除了需要支付主播的"坑位费",还会根据销售金额与对方"分成"。最后的结果往往是,销售数据好看,退货量更令人惊讶。主播"刷单"让商家变成了赔本赚吆喝。

其实,"直播带货"并非没人管。近年来,因"直播带货"违法被监管部门曝光查处的违法典型案例不少,有的甚至被罚了款。对某种现象的治理,往往需要多方用力。古代成功的管理者,就多采取"儒法并重"的做法——教化和严管两手抓。先教化当事人知敬畏、守规矩,然后让不守规矩者付出沉重代价。如此双管齐下,效果才好。

此次的《规范》,就是个白纸黑字的好规矩。但愿大家都能自律,把账算清楚——到底是在正道上行稳致远,还是继续坑蒙拐骗?要知道,监管部门的"板子"可实时都在呢。

要培养这样的"戏精"

刷标语、拉横幅、张贴提示、散发传单等，是执法部门常用的宣传方式。随着短视频火爆，一些执法部门开始创新广而告之的方式，利用抖音、快手、微博等发布短视频，扩大宣传面和影响力，取得非同凡响的宣传效果。

2020年8月，海南禁毒新媒体官方账号发布视频"海南禁毒大会战魔性广告"，不到18个小时，浏览量近千万次。该广告模仿"电视购物"的用语和方式，"无论您是零售、批发，还是跨境电商；无论毒贩是零包贩毒、团伙贩毒，还是网络跨境贩毒，我们一个不放过""我们的业务员王所长因为KPI垫底，已经三天没有合眼了，快来砸单啊"，让人忍俊不禁，印象深刻。

抖音号"广州增城公安"也不逊色。前一时期，该抖音号发布"防诈骗"视频，警花"小姐姐"一边散发传单，一边说着顺口溜"拿个传单学防诈，走遍天下都不怕""今天不看你后悔，被骗回家拍大腿"……如此诙谐、幽默的宣传方式，引得人们纷纷驻足，乐呵呵地接传单。

板起面孔说话，没人待见。"说教式"宣传有多大效果，想必大家心知肚明。"说教"，就是我说你听，我教你学，双方在身份上首先就不对等。做宣传就是做说服工作，说服不是强迫，"强按牛头喝水"，势必出力不讨好，自取其辱。你一副高高在上的样子，人家为什么要听你的、跟你学？没有人愿意被说教，是人之常情。

工作创新无止境。无论干什么工作，都是为人民服务，做宣传同样如此。既然是为别人服务，就要考虑别人的感受。什么方式更易被人接受，就要用什么方式。若干年前，标语、大喇叭是日常的宣传载体。眼下可用的新技术、新载体有许多，只要广而告之者开动脑筋，想出更有效的方法并不难。"群众喜闻乐见的形式"这句话内容很丰富。明明有了更先进的工具，还非抱着几十年前的工具当宝贝，确实有点"不知有汉，无论魏晋"的意味。

培养更多"戏精"。据报道，广州增城公安短视频里的警花"小姐姐"是暨南大学新闻系的毕业生，入职两个月就为增城公安拍摄了十几个抖音宣传视频。现在的年轻人，普遍脑子活、想法多、思路开阔、多才多艺。因此，要充分发挥他们的特点和特长，鼓励和培养年轻人多想、多试、多做。拿做视频这件事来说，一个单位培养一两个这样的"戏精"，未尝不可。

严肃、严谨、严厉，是执法部门留给人的印象，但面对群众搞宣传，则大可活泼、幽默、通俗不低俗。毕竟，决定"广告"成败的，最终还是"疗效"。

选好"话题"好营销

据多家美国媒体报道，肯德基在当地时间2020年8月24日宣布，受新冠肺炎疫情影响，将暂时停用"吮指回味，自在滋味"（finger lickin good）广告语，但该广告语并非永久弃用，"还会在合适的时候重新使用"。此后，百胜中国回应称，暂停该广告词其实是开展"忽略吮指"主题创意活动，每个地区可根据实际情况决定是否参与。

对此，有众多网友和营销界人士表示，这更像是肯德基的一种营销方式，意在制造话题，吸引受众关注，目的是更多地占领市场。

不论肯德基是否在利用这种方式搞营销，作为一种重要的广告营销方式，"话题营销"确实还是挺有意思的。

首先，要找到合适的话题。人们聊天，需要谈资。谈什么呢？新闻事件，是一个重要内容。企业如使用这一营销方式，就必须要精选话题，避免为制造话题而落入庸俗的陷阱。近年来，一些影视名人时不时靠搞出"绯闻"和"出轨"来增加流量，庸俗至极，不足仿效。毕竟，作为理应有社会责任感的企业，出恶名比不出名更可怕。谁愿意从"恶人"那里买东西呢？

其次，话题要具有持续性。在互联网时代，海量资讯扑面而来，让人们应接不暇。如果话题不具有持续性，很可能一两天就过去了，不会被人们持久关注，商家的"良苦用心"自然也就大打折扣。在以往的话题营销中，单就效果而言，可口可乐、江小白和蒙牛堪称这方面的高手。

最后，还要广为宣传形成广告效应。再好的话题，不有意利用媒体力量推广，也难以形成好的广告效应。于是，一些急于出名的中小企业，往往制造噱头，利用一些不明真相的媒体为其摇旗呐喊。因此，在宣传推广过程中，媒体要有"火眼金睛"，避免沦为不良企业或"名人"传播庸俗文化和不健康价值观念的工具。好在，品牌企业都像珍惜自己的眼睛一样珍惜荣誉和名声，即使利用话题去做营销，也会把社会责任放在首位去考虑宣传效果。

假如此次肯德基的举动真的是一次广告营销事件，也只能为其"加分"。毕竟，在当下人们普遍关心公共卫生的特殊时期，倡导更加健康的用餐方式，不但并无不妥，而且还有温度，可以说是社会责任感的体现。此事除供我等消费者谈论几天外，更应引起企业主的重视——通过制造有社会责任感的话题，推动这世界更美好，让更多受众点赞。

从《花木兰》说过度推广

由华特迪士尼影片公司出品的真人版电影《花木兰》，2020年9月在我国内地上映。从全球海选演员到正式上映，经历了近4年时间，影片可谓"千呼万唤始出来"。然而，对于这部经过了"九九八十一次"改档撤档的影片，观众的反映却算不上好，豆瓣评分偏低。有业内人士认为，《花木兰》此前的过度广告和营销，给这部人们寄予"厚望"的影片带去了"失望"。

世界万物各异，但道理基本相同。对任何事物，只要报以巨大希望和热情，最终的结局往往只有两个：要么它符合或基本符合人们的想象，皆大欢喜；要么现实与梦想反差较大，令人失望。影片《花木兰》就属于后者。制作方的过度广告宣传，吊足了大众的胃口，给最终的上映埋下"不过如此"的"祸根"。

讲故事要符合逻辑。观众的不买账，并非没有理由。影片中的福建土楼、人物服饰、用简体字雕刻的"忠勇真"剑，让花木兰生活的时代和地域都出现了偏差。即使观众知道自己不是在看纪录片，如此低级的错误，也突破了他们的心理底线。要么花钱体验观影效果，要么进影院让自己被感动、被鼓舞，明摆着一个漏洞百出的故事，谁又愿花钱去看呢？

凡事可以"敬"，但不可"媚"。即使不是投资超过两亿美元、宣发费用超一亿美元，中国观众仍对迪士尼出品寄予厚望。可事实是，宣传照颇似二三十年前的武打片，面无表情的刘亦菲演技让人"呵呵"。难怪人们感叹："你以为现在的中国还是几十年前的中国吗？"当然，迪士尼有许多值得我们学习的地方，比如，特效、讲故事的手法等，但事实证明，"外来的和尚"

真的不一定会念当地的"经"。所以，该影片也算是给言必称"洋大人"的人上了一课。

"过犹不及"是规律，过度广告营销要不得。2019年7月，影片首次发布预告，24小时全球点击量1.751亿次，在迪士尼动画电影真人版预告中名列第二。其中，网民超过9亿的中国区受众的点击量可想而知。再说微博热搜，根据有关统计，在上映前预热的一年多时间里，《花木兰》中国区宣发团队就"捂"出来近百条热搜。中国有句古话："不尽心，不伤心。"让一个人对某个事物寄予厚望，往往是伤心的开始。无数热恋后却最终成为悲剧的例子，就是这个道理。

据说，《花木兰》的全球票房至少要入账6亿美元才能避免亏损。无论如何，还是希望这部影片能如愿以偿。

把生活过成段子

几年前，当朋友们管肯德基叫"开封菜"的时候，愣了几秒钟，我才哈哈大笑。"KFC"可不就是"开封菜"汉语拼音的首拼吗？现在的人们，真是太有才了。

有次偶尔去肯德基，无意中发现餐桌上贴了一张小小的桌贴，上面除介绍几种鸡汤外，还有一个小小的LOGO：一个小人儿躺在一行字母上。仔细一看，竟然是"开封菜"的汉语拼音全拼"KAIFENGCAI"。天哪，肯德基这是要把生活过成段子吗？

当时，离2021年还有十几天。

肯德基自从进入中国，便朝着越来越本土化的方向一路向前。油条、粥等早餐品种的出现就是例证。如今，肯德基不仅有螺蛳粉，还有预包装的炒饭、鸡胸肉和各种鸡汤。尤其是预包装食品，消费者买回家稍微加工一下就可以食用，不仅满足了"懒人"的需求，还切合了"开封菜"的梗——开封可食。只是不知，这个"开封菜"LOGO的含义，是确有此意，还是我自作多情呢？

身边有个"段子手"朋友，无疑可以给日复一日的生活带来许多乐趣。广告界也是如此。如果关注各类广告，就会发现"段子手"无处不在，尤其一些大品牌。它们之间的"互怼""互黑"，让我们这些"吃瓜群众"很是开心。殊不知，"吃瓜"看热闹的同时，中了人家营销的"圈套"。

奔驰全球总裁Zetsche宣布退休的时候，老对手宝马趁势做了个送别广告：Zetsche和众人告别，离开奔驰大楼，坐着奔驰回到家，随后竟然从车库里开出一辆色泽艳丽的宝马跑车，彻底放飞自己。并且，广告文案为"奔驰一生，宝马相伴"。有网友说："感觉你在挤对奔驰，但我没有证据。"被挤对的奔驰不急也不躁，大大方方地转发了宝马的广告，并玩起文字游戏，"宝马相伴，奔驰一生"。

可口可乐和百事可乐也是一对"欢喜冤家"。百事曾做了个视频广告：一个小男孩踩在可口可乐罐上，到售货机上买百事，最后地上只剩下孤零零两罐可口可乐。网友们认为，这是在讽刺对手只配当垫脚石。作为回应，可口可乐用了同样的视频，只是将垫脚的换成了百事。小男孩取到可口可乐后，还礼貌地将百事可乐放回原处。网友们将之解读为："可口可乐好喝，喜爱可口可乐的顾客更有素质。"

人生并不乏味，是乏味的人把人生过成了乏味。同样，广告也并不乏味，是乏味的人创作出乏味的广告。假如我们身边有那么几个可以"互怼"的朋友，假如我们的企业有几个可以"互黑"的"欢喜冤家"，那我们的生活将更加美好。

临期食品"生意经"不好念

从2020年下半年开始，临期食品似乎越来越火。店越开越多，资本纷纷看好，且拥有大批年轻消费者，逐步形成了头顶"光环"的临期食品新兴市场。

面对这个诱人的"大蛋糕"，不少年轻人想通过做临期食品"创业"。但自古以来，做生意就是个"技术活儿""辛苦活儿"。难道临期食品的"生意经"真的就那么好念吗？

2021年初，有研究机构的报告显示，2020年中国零食行业总产值规模超过3万亿元，即使按1%的库存沉淀计算，临期食品行业市场规模也会突破300亿元，临期食品市场潜力巨大；临期食品消费者中，26—35岁的占比47.8%，年轻人成为购买主力。资本的嗅觉总是很灵敏，据报道，几家业内先行的折扣零售连锁品牌已拿到了数额可观的融资。

"市场看好"，自然能召唤一批"做梦都想发财"的创业者。综合各方面情况看，有的人已经开始"试水"；有的人正在"岸上"蠢蠢欲动；有的人自诩"赚了不少"；还有的人却已经悄悄"上岸"黯然离去。看起来，正应了那句话，一个行业再不好，也有赚钱的；再好，也有不赚钱的。

看来，"市场新宠"的"生意经"也不是那么好念的。那么，临期食品市场是否适合创业者呢？简单地给出"是"或"非"的答案，都是在用自己的判断来替别人做决定，是不负责任的表现。听了你的建议，万一人家赔个底儿掉，你给补偿不成？

通过临期食品赚了钱的，一定忙得不可开交，没工夫给你"上课"；没赚钱的，也未必肯把自己的"败绩"一股脑儿地端给你——自揭伤疤就不疼吗？好在凡事总有规律，通过广泛考察、全面调研、深入思考，总能做出符合自身实际的决定。

首先，临期食品价格相对不透明。临期食品的进货价，不如正常食品透明。这就需要创业者有足够好的商品议价能力，也就是能把价格尽可能地砍下来。如果进货价较高，又得承担卖不出去砸手里的风险，就得不偿失了。

其次，临期食品货源相对不稳定。有分析认为，现在之所以有大量临期食品，一方面是因为食品企业竞争激烈供大于求；另一方面是一些小众货品出现滞销。任何生产企业的行为都受市场规律的支配，供大于求的状况可能一直存在吗？小众货品在正规市场不好卖，降低价格就好卖了吗？这些都是值得考虑的因素。

再次，创业者是否具备市场的抗击打能力。做任何生意都一样，创业初期将无比艰难。即使这个市场真的前景看好，创业初期能不能扛住，能扛多久，既取决于人的意志，又取决于人的经济实力。这一点，一定要有充分的思想准备。在临期食品行业，半路撤火及时止损的，大有人在。当然，号称赚钱的也有不少。

最后，借用巴菲特那句投资成功的秘诀，"在别人贪婪时恐惧，别人恐惧时贪婪"，忠告想通过临期食品创业的年轻人，努力做成熟的投资者。

"假学习"与"真裸泳"

一些企业家，花几千元请人吃饭眉头都不皱一下，但如果让他参加什么培训班学习，却比登天还难。这样的话，近几年我听了若干次。

做生意靠关系，管理企业靠经验，可以"暂时成功"，却不可能"持续成功"。2021年初的一则新闻，再次坚定了我的这一判断。

20世纪90年代，"科迪汤圆，团团圆圆"的广告语火遍全国。而今，这家有着30多年历史的科迪集团却面临破产重组。作为曾经速冻食品、乳品、面业都排名靠前的"全国农业产业化重点龙头企业"，科迪这是怎么了？

"管理水平没有跟上这个时代，也没有培养出合适的接班人""没有成熟的现代化管理体系和人才，也留不住人才"，是科迪老员工给出的科迪"没落"的答案。

英雄黯然退场不止一种因素，但总有一种因素是压垮的"最后一根稻草"。近年来，若干企业"其兴也勃焉，其亡也忽焉"，有的是因为急躁冒进，有的是因为自以为一家独大，有的是因为抱守残缺。但追根溯源，都是因为没有学习力，没有真学习，没有跟上时代的发展。

也许有的人对戴上这顶"帽子"感到"冤"——我一年的学习费用多少多少，怎能说不重视？对这种理由，一句话就可以完成回怼：花了钱就是学了吗？如果真是这样，那成为科学家、医学家、音乐家简直也太容易了。

无论是学知识还是学技能，花了多少钱去参加学习，只能说是"学了"，并不代表"真学"。只有学习"经历"，却没"精力"学习，怎能算"真学"？又有何用？

同一本书，不同的人读过之后收获不同；同一个班次，不同的人学习之后有天壤之别。那些效果不好的，莫非读了假书？上了假培训班？都不是，是"真学习"和"假学习"的区别。

"真学习"就要心无旁骛，结合实际情况学自己最需要的，学有所获、学有所用、学有所成。整个世界都在变，你却单纯依靠老经验不做改变，这叫"谜之自信"，你不失败谁失败？草莽英雄越来越少，高知识、高学历精英越来越多，不仅是事实，还将是趋势与大道。

真学习，是一个人乃至一家企业需要永远坚持的事。做样子假用功，学了不去用，又学给谁看呢？是否真学，若干年后，将自有答案——就像潮水退去，大家自会知道谁在裸泳一样。

一"布"到位也能一"不"到位

把嘲笑别人当幽默，把冒犯别人当乐趣，会让人极度生厌。现实生活中，这样的人大有人在，这样的企业也不少见。2021年初，"全棉时代"的卸妆巾宣传视频，就在这一方面挑战了人们的底线。

视频画面为：深夜回家被尾随跟踪，年轻女子急中生智，拿出卸妆巾火速卸妆，霎时变身"大叔"。跟踪者被吓跑，同时发出呕吐的声音。之后，该女子不失时机地推介卸妆巾一"布"到位的功能。

视频一出，舆论哗然。大家一边倒地谴责该企业和所发布的广告"践踏女性尊严""侮辱歧视女性""丑化受害者"……

很快，全棉时代回应，称视频为广告创意，仅为了突出商品的清洁功能。1月10日，公司再次致歉，称系公司内部工作人员失误，将对涉事管理层和责任人严肃处理，立即停止与该内容供应方合作。

然而，让全棉时代想不到的是，致歉信再次引发网友不满。原因是，比起道歉，更多的是向公众"表白"该公司的创立初衷、专利技术、质量把控、原料选材、公益活动等。网友纷纷留言说："这是道歉还是自我表扬？""第一次看到道歉信1%道歉、99%自夸"……很快，全棉时代被扒出2019年"幼儿被芯春秋款"存在pH值不合格问题。

如此触碰公众底线，如此处理公关事件，如此"自导自演"出"二次舆情"，全棉时代不是第一家，也绝不会是最后一家。

犯错误，谁都难以避免。对待错误的态度和行动，才是被冒犯者和公众最在乎的。

社会责任感比"侥幸成功"更有效。一贯的社会责任感，是保证企业少犯错误的法宝。一家企业如果"三观"正确，至少不会出现能挑战社会公众底线的错误。像京东金融低俗借贷广告、全棉时代创意广告等，实在难用"把关不严"服众。只有根子上导向、文化和价值正确，才不会做出"出格"的事来。

"向内看"比"向外找"更有效。企业出了问题，往往会发布声明处理涉事人员，并强调是"审核问题"或"合作公司"的问题。"干活儿不由东，累死也稀松"，东家不同意，内容能发布出来？搁谁也不信。自己病了从别人身上找原因，岂不贻笑大方？"行有不得，反求诸己"，方是正途。

态度端正比"辩解"更有效。有错之后，反而强调自己一直做得如何好，你是来撩火的吗？此时的"解释"就是"掩饰"，"真辩解"就是"假认错"，除了引起"二次舆情"，别无他用。

消费者有若干方式表达自己的意愿，最厉害的一招儿，就是一"不"到位——不再为你掏腰包。因为没有人愿意从自己不喜欢的商家那里购买商品或服务。

茶烟到底算啥？

2021年2月，在一些购物网站上，有一种叫茶烟的商品日渐多了起来。在商家的宣传中，这些茶烟被宣称"不含尼古丁""能抑制烟瘾""天然无污染""抽茶更健康"等。茶烟到底是"茶"还是"烟"？该如何监管？

茶烟是"烟"吗？在普通消费者看来，这个问题就跟"蜗牛是不是牛""海马是不是马""鸵鸟是不是鸟"的诡辩没有什么分别。造个概念，就能用手捂住天了？即使看不见天，手捂住的，也肯定不是天，而是自己的眼睛。"不含尼古丁""抑制烟瘾""抽茶"这些词语的出现，无异于立了块"此地无银三百两"的牌子。

真能"抑制烟瘾"？常识告诉我们，烟民们之所以会对香烟产生依赖，主要是因为其中的尼古丁成分。既然该商品里面没有尼古丁，又何谈"抑制烟瘾"、具有"替烟""戒烟"的功效？一些违背常识的伪科学，已经屡次被证伪，难道这次还要骗我们花自己的钱、搭上自己的健康去迎合吗？拿前后矛盾、经不起推敲的广告语忽悠人，其目标无非消费者的"腰包"。

真的"更健康"？该商品所谓"更健康"，无疑指的是"不含尼古丁""天然无污染"。说茶叶"不含尼古丁""天然无污染"，我信；说燃烧之后把烟雾抽进肺里，还能"更健康"，谁都不会信。况且，有的茶烟公布的焦油含量已远远超过卷烟标准，"健康"何来？真的想问下商家，自己打脸就不疼吗？

是否侵权？在某知名购物网站上，这些茶烟的包装，跟某些知名烟草的名称和包装极为相似。说不定，茶烟厂商正巴不得有个业界大佬跟他打官司呢。因为如此一来，即使官司打输了，也有了知名度，可以说花了小钱办了大事，从此李鬼名扬天下。

　　"画皮"再美，本质上也不是美女；谎言再信誓旦旦，终究还是欺骗。所谓茶烟，可以说本质上就是一种造概念、打"擦边球"的噱头商品。更严重的是，一旦未成年人接触了这些商品，很有可能成为以后的烟民。这种误导、危害未成年人，贻害子孙的行为，什么时候都不能做！因此，茶烟问题不但值得全社会关注，更需要相关部门尽快依法界定其是否属于烟草制品，并对其严格监管。

App广告"扰民"当休

统计数字显示，2020年底，我国手机上网人数为9.86亿人。在这个数量极其可观的人群中，绝大多数人装了数量不等的App。这些App，方便了人们的工作、生活和娱乐，但其中不请自来的各种广告，又着实让人心烦。更过分的是，有些广告根本无法关闭或很难关闭。上海市消费者权益保护委员会近日发布的《App广告消费者权益保护评价报告（2020）》显示，测试的600款App中，58%的App含有广告，其中69.7%的广告没有关闭键。

可以说，是经济利益让这些App铤而走险，为数不多的罚款比起动辄千万元级的收益来讲，无疑违法成本太低。对更多的违法App予以"一键关闭"，这不仅是净化市场的需要，也是广大群众的心声。民有所呼，我有所应。国家相关部门高度关注，联合发力，持续整治群众反映强烈的突出问题，开展了一系列专项整治行动，对若干整改不到位、拒不整改的App做了下架处理，以不断增强人民群众的获得感、幸福感、安全感。在3月1日的国新办新闻发布会上，相关部门负责人表示，将把整治工作继续进行下去。广大群众看到了市场越来越规范的新希望。

作为消费者，我们还能做些什么呢？除寄希望于法律法规不断健全、监管部门的技术水平不断提高外，还可以通过12321网络不良与垃圾信息举报受理中心平台进行举报。只要多管齐下，相信App广告"扰民"问题一定会有明显改观。

"彩礼贷"当止

2021年3月16日，江西九江银行一则"彩礼贷"电子海报在网上引发广泛关注。该海报显示，"彩礼贷"为"天生一对"专属定制，最高可贷30万元，年利率低至4.9%，最长可贷1年。贷款用途为新婚旅行、购车、购买首饰和购家电。

这种"变相鼓励高彩礼"的行为，在网络媒体引发争议。很快，九江市政府新闻办官方微信公众号"九江发布"登载九江市妇联的倡议书，号召"抵制高额彩礼陋俗，倡导移风易俗"。九江银行也在其官方微博发表致歉声明，称已对直接责任人给以停职处理，将持续严查整改，规范金融营销行为。

"彩礼贷"风波未平，"墓地贷"接踵而至。日前，昆明某陵园与云南西山北银村镇银行合作，共同推出"墓地按揭业务"，声称该产品可以为客户"解决实际问题""不需要抵押"，再次把消费贷款推上风口浪尖。

"二胎贷""结婚贷""婚庆贷""墓地贷"……这五花八门的各种消费贷款，是真的为民着想，还是另有他图？至少，这些产品宣传多少带有绑架亲情、贩卖焦虑、为陈规陋习推波助澜的意味。可以说，这也是一种不良风气，不可助长。

近年来，个人信贷蓬勃发展，帮人们解决了不少实际困难。把贷款用在扩大生产、创业创新以及在可承受范围内提高生活品质，理所应当。金融机构应当如此引导，贷款者也应该对借来的钱有清醒、正确的认识。借了钱总是要还的，那些借钱贪图享受、过度消费的行为，不值得提倡。

金融产品的过度营销，倡导的是不良文化，具有潜在的金融风险和社会不稳定因素，需要相关部门及时出手，引导金融机构开展营销宣传时，说该说的话，做该做的事，倡导健康、文明的生活方式。各金融机构也要严格自律，那么大的"金主"尽做些让人瞧不上的事，岂不"有失体面"？作为消费者，则要擦亮眼睛，不跟风、不攀比，结合自己的消费需求和消费能力量力而行。如何过日子，是自己的事，切不可被别人的营销手段裹挟，过成了"别人的生活"。

"丧事喜办"为哪般？

2021年5月初，网络上一张"中国人寿宣传客户死亡获赔120万元"的图片引发人们关注。图片中，几名身穿工服、身披绶带、面带笑容的中国人寿保险员工，举着"张××先生意外身故获赔120万元"的宣传板和放大了的理赔单，在街头宣传。

"丧事喜办太荒谬""无底线""拿人命做营销"……一时间，舆论哗然，大家纷纷谴责。

很快，中国人寿保险股份有限公司重庆市分公司发表致歉声明。声明称，重庆市分公司永川支公司在对一名意外身故客户的家属作出大额赔付的过程中，相关工作人员出现不当宣传行为，造成恶劣影响，对此向客户家属和广大民众表示深深的歉意。

保险产品宣传的目的是广告和营销。客户投了保，就应该享受相应权益。一个正常的投保与赔偿事例，至于如此大张旗鼓宣传吗？此举不免让人怀疑此前有多少该理赔的没有理赔，或没有理赔到位。

如此宣传有违道义和道德。钱和生命哪个重要？拿别人用生命换来的、应得的理赔款，举着大牌子去"炸街"，客户家属心里会是什么感受？即使非亲非故的旁观者又会是什么感受？除感受到冷漠、商家吃人血馒头般的狂欢外，不会有其他。

这样的宣传涉嫌侵犯客户及客户家属隐私，且涉嫌违反相关规定。从媒体发布的图片看，宣传板上张先生的名字被打上马赛克，可见当时做宣传时客户的姓名是实名实姓的。谁给了中国人寿拿别人的姓名做宣传的权利？前一时期，有关部门印发通知，强调保险理赔要以人为本，不以理赔作为营销噱头。中国人寿违反规定就完事了？

行为失当、引发舆情、道歉，似乎成了一些企业对待错误言行的标准"模板"。犯错、道歉，就可以不负任何责任了？倘若如此，将是对老实人、实在人的不公。为什么众多商家前仆后继地去"犯错"？成本和代价太小，恐怕是主要原因。

"人非圣贤孰能无过"，可以作为对因无心之过而痛心疾首之人的安慰，但绝不能成为故意作恶者的借口。

长期来讲，世界总是在奖励那些诚实守信、有道德、有社会责任感的人或组织。尤其信息化时代，世界已越来越透明，作恶者将越来越快、越来越严厉地受到来自社会和大众的惩罚。

也说"曹县"火了

"北上广曹""宇宙曹县""宁要曹县一张床，不要上海一套房"……2021年四五月间，山东菏泽的曹县突然火了。有数据显示，从4月20日到5月23日，关于曹县的全网信息量达到30万条，环比增长超过200%。微博平台上与之有关的话题阅读总量超过10亿，曹县相关视频在抖音上的总播放量超过15亿次。

通过广告效应和传播效应，很多人不仅第一次知道曹县，还知道了曹县以制作生产汉服、演出服和棺材而著名。据报道，该县承包中国1/3的汉服生产，拥有全国最大的演出服生产基地，生产的棺材占据日本90%的市场。曹县还拥有151个淘宝村，17个淘宝镇，是"全国全网销售百强县"之一。

此前虽优秀但属"养在深闺人未识"，一次偶然的事件令其"一举成名天下知"。像这样的情况，其实并不少见。

山东冠县不少当地人不知道，该县的店子镇是"灵芝小镇"，2019年灵芝总产量占全国的50%，交易量占全国的60%，是全国规模最大的灵芝生产经营集散地。广东省中山市古镇镇，是"中国灯饰之都"，镇里有3.8万户灯饰及配件企业，年销售额超千亿元，占国内灯饰市场份额的七成。浙江省诸暨市大唐镇，年产袜子超220亿双，约占全国的70%、全球的35%，拥有完整产业链，是名副其实的"国际袜都"。全球一半的微波炉转盘、60%的电光源玻壳产品，产自山东省商河县玉皇庙镇……这些县域小镇，虽极具特色且为行业翘楚，但又有多少人知道呢？

曹县也好，大唐镇也罢，成就它们的，是产业特而强、功能聚而合、形态小而美、机制新而活的"特色",是此前的探索和一直的努力方向。前景如何,还要看其是否能进一步发挥自己的区位、资源、产业等优势,百尺竿头更进一步。

一花独放不是春,百花齐放春满园。大城市圈有大城市圈的优势,小地方有小地方的特色,只要有利于城乡区域发展差距和居民生活水平差距显著缩小、有利于人民生活更加美好的,都应该进一步强化和发展。从这个意义上说,我们期待更多"曹县"的出现,期待"曹县"们的明天更美好。

说不定,又一个"曹县"火了。我们盼望着。

校外培训何去何从?

2021年6月，一个做校外培训的朋友直言，近期的招生情况"很不乐观"，原因是"管得太严"。

"不乐观"，是事实；但把"不乐观"的原因归结为"管得严"，似乎找错了原因。管，管的是不符合资质、虚假宣传等问题，这些存在安全隐患、侵害学生和家长合法权益的不规范行为，难道不应该管吗？向情向不了理，这话虽然刺耳，但确实在理儿上。

前不久，中央全面深化改革委员会第十九次会议审议通过《关于进一步减轻义务教育阶段学生作业负担和校外培训负担的意见》，指出要全面规范管理校外培训机构，坚持从严治理，对存在不符合资质、管理混乱、借机敛财、虚假宣传、与学校勾连牟利等问题的机构，严肃查处。要明确培训机构收费标准，加强预收费监管，严禁随意资本化运作，不能让良心的行业变成逐利的产业。6月15日，教育部成立校外教育培训监管司，专治校外培训。各地相继出台具体措施，加大监管力度，大力整治不规范行为。

校外培训机构最近虚火过盛。重庆市日前对主城区的校外培训机构展开突击调查时发现，32家校外培训机构存在不同程度的违法违规行为，其中，涉及违规超期收费、超标超前培训、无证无照非法办学、存在广告绝对化用语等。重庆的现象并非个例，可以说是一种普遍现象。尤其疫情发生后，在线培训机构在资本推动下无序扩张，贩卖焦虑、虚假宣传等问题大量存在，家长和孩子们只能被裹挟着往前跑。

教育行业不能唯利是图。一些校外培训机构，不是提高孩子能力，而是获取商业利益。为了在激烈的市场竞争中胜出，各校外培训机构普遍把"招生"放在第一重要的位置，甚至不惜动用虚假宣传等手段，"教学"倒似乎成了例行公事般的程序性环节。"好多机构这么干，所以我也只能这么干"，但好多人做的事，就一定对吗？无论什么事，只要唯利是图，方向必定走偏。

电视开机广告何时"关机"

2021年8月底，智能电视的开机广告再次成为人们关注的热点。长期以来，人们打开电视，首先看到的不是电视节目，而是被强行植入的广告。这些广告普遍时间较长且无法关闭。有关智能电视开机广告的相关投诉一直存在，被人们称为网络"牛皮癣"。

之所以被称为"牛皮癣"，是因为它"不请自来"，并且又"除不掉"，属于"顽疾"。这病，到底是个啥症状呢？

部分智能电视开机时，一般会播放长达30秒或更长时间的广告，无法关闭，无法跳过。在没有选择的情况下，不少消费者索性打开电视后先去干别的，待播放正常节目时再回来观看。部分"爱较真儿"的消费者忍无可忍，也只能先拨打客服电话，但结果往往不理想，要么被告知"没办法"，要么被告知"需开通会员"。无奈之下，人们最终只能选择投诉，但投诉能否解决问题，仍得两说。

这病，的确不轻。既然是病，就得治。但到底是"难治"，还是确实"治不了"？

对此，有的涉事运营商明确表示，"在开机等待时间内投放广告是为提升用户体验"，同时对"一键关闭"功能称"办不到"。也就是说，当事人说这病"治不了"。这种回应自然不能服人。时间不长，该运营商再次回应，表示连夜成立专项工作组，研究开机广告一键关闭相关技术方案，抓紧落实技术开发，力争3个月内上线。

看来，之前说"治不了"的目的是"不治了"，因为这样可以维持现状继续赚钱。如今，从"治不了"到"想办法治"，并争取短时间见效，可以说是该运营商的一个巨大进步。

市场历来不是哪一家的天下，手大捂不过天，你说"治不了"，咋还有部分公司的产品就没有开机广告呢？事实面前，不实事求是是不行的。

开机广告市场，是一个巨大的市场。想赚钱，可以理解，但要取之有道；忽悠人，我们不干。

眼下，一些行业组织和部分企业已经开始行动起来，积极规范市场行为，破解行业乱象，"一键关闭"功能在部分地区取得重大进展。

为民办实事，不是哪一家、哪个行业、哪个单位的事，也是各市场主体应尽的义务和责任。各市场主体除遵守市场规则外，还应充分考虑消费者利益，认真回应社会呼声，切实为民办实事。只有这样，才能真正发展壮大。

有了一小步，就会有一大步。现在的情况，至少让我们有理由相信智能电视开机广告市场会越来越规范，各种开机广告在广告时长等方面会有所限制。因为事实证明，即使"一键关闭"功能，也一直都不是"挟泰山以超北海"的事。

"槟榔"与"群众利益"

2021年9月17日,国家广播电视总局办公厅发布通知,自即日起,停止利用广播电视和网络视听节目宣传推销槟榔及其制品。该消息一经公布,很快冲上热搜。对此,医学专家力挺,网上一片叫好。

小小的槟榔,怎么就让人们如此关注?据报道,相关实验表明,食用槟榔的人群,比一般人患口腔癌的概率高25倍以上。早在2003年,世界卫生组织就把槟榔认定为一级致癌物。尽管食用槟榔存在较大的健康风险,近年来我国的槟榔产业仍发展为百亿级市场。数据显示,2011—2018年,中国槟榔产业产值从558亿元上涨至781亿元,且呈继续上涨趋势。对此,口腔科专家多次呼吁,相关行业协会也出台相关措施,力图遏制槟榔产品影响人们健康的势头。

但是,专家的呼吁和行业协会的措施并没有奏效。一些知名槟榔产品生产企业仍通过赞助综艺节目、冠名地方春晚等手段进行营销推广,并"精准"地将赚钱的触角伸向娱乐圈背后数量庞大的未成年人。难怪有人说,槟榔产业的高歌猛进与娱乐圈、饭圈牢牢绑定,形成"槟榔养活了半个娱乐圈"的不正常现象。

为什么一个有着健康隐患的产品还能如此"任性"呢?归结为一点,就是经济利益。企业为了赚钱,自然要通过各种渠道扩大宣传;个别地方为了经济利益,甚至出台文件"支持槟榔产业发展"。既然国家没有明令禁止,又有什么理由说人家做得不对呢?细想之下,这种说法倒也并非一无是处。

好在,凡事只要持续推进,就一定会有好的结果。今年3月,广州市停止发布槟榔广告，并加强对槟榔广告的日常监测，从源头上管控槟榔广告的发布活动。此次国家广播电视总局叫停槟榔广告，则可以说迈出了"关键一步"。

"关键一步"，往往仅是开始，更长的路还在后面。生产企业今后怎么走？地方产业何去何从？都是不得不考虑的问题。但即便有千万条理由，也不能以社会公众的健康为代价，这一点毋庸置疑。产业转型、制定安全标准、在产品包装上印制醒目的警示语等，都是未来规范槟榔产业发展的路径。

让小小的槟榔通过娱乐节目"带偏"青少年，影响社会公众健康，不符合人民利益。单凭这一点，无论是企业还是地方产业，该"断腕"的一定要"断腕"，该想办法的也一定要尽早开动脑筋，这才是对人民负责的具体体现。

"晚舟归航"之所见所想

"孟晚舟回家了！"2021年9月25日，这一消息通过网络、电视、广播等渠道迅速传播，大快人心。

当天18时许，矗立在深圳市区的592.5米的深圳第一高楼平安金融中心亮灯，"欢迎孟晚舟回家"几个大字自下而上在楼体滚动播放。当日晚，搭载孟晚舟一行的中国政府包机进入深圳空域时，机场塔台工作人员温暖喊话：这里是中国深圳宝安机场；祖国永远是你最强大的依靠，孟晚舟女士，欢迎归来！

还有比这更强的广而告之吗？还有比这更温暖的归途吗？还有比这更激动人心的时刻吗？

1028天，灯塔在守候，晚舟终归航。这是一名中国公民的胜利，更是全中国人民的胜利。这件事让所有人更加真切地体会到：我们身后，是一个强大的祖国；中国共产党、14亿多中国人民、伟大的中华人民共和国永远是中国公民最坚强的后盾。

当天晚上，笔者一个开公司的朋友打来电话，激动地说他为孟晚舟的归来而兴奋，也因中国有华为这样的企业而自豪。他还说，他已第一时间安排公司人员出台措施，凡是购买他们公司产品的，一律赠送华为手机。

这个朋友的企业与华为并无任何业务关系，他本人与华为也无任何关联。或许，这只是一个民营企业家心中最淳朴、最真挚的感情体现，是他心目中的社会责任所在。这是惺惺相惜，是守望相助，更是民心民意。

我们曾任人欺侮，而今迎来了从站起来、富起来到强起来的伟大飞跃。今天，我们比历史上任何时期都更接近、更有信心和能力实现中华民族伟大复兴的目标。这信心和能力，不是喊出来的，是党团结和带领人民踏踏实实干出来的。

有的人因为看见而相信，有的人因为相信而看见。中国共产党人就是这样一群"因为相信而看见"的人。因为相信，我们推翻了三座大山；因为相信，我们在"一张白纸"上描绘出最美、最好的"图画"；因为相信，我们实现了第一个百年奋斗目标；因为相信，我们正在意气风发向着全面建成社会主义现代化强国的第二个百年奋斗目标迈进。这就是信念的力量。

正如孟晚舟的感言所说，有五星红旗的地方，就有信念的灯塔；如果信念有颜色，那一定是"中国红"。

在大街小巷正遍布"中国红"、建党百年之后第一个国庆节前夕，孟晚舟通过世间最暖的路踏上归途，这是伟大祖国给每一名中国公民最好的礼物。如今，丰衣足食，获得感、幸福感、安全感爆棚的我们又该怎么做呢？怀揣梦想，笃定前行，做好一桩桩貌似不起眼的小事，干好一件件貌似不起眼的工作任务，为伟大祖国奉献一己之力，才是正好。

冒犯我们的，不是她的"眼"，是你的"心"……

2021年12月，"三只松鼠"和奔驰汽车先后因类似的事件冲上热搜。两家公司在海报和视频广告中使用了"眯眯眼"的广告模特，被指丑化国人形象，引起受众强烈不满。

民意不可违。"三只松鼠模特"相关话题冲上热搜后，大量网友涌入三只松鼠淘宝直播间表达不满，主播不得不在直播半小时后下播；三只松鼠也及时发布声明，对"模特妆容不符合大众审美并由此产生不适感"而"深表歉意"。奔驰也已悄悄撤下视频。

难道广大受众真的对模特长相和妆容这么"挑剔"？是模特长相和妆容冒犯了我们？

不是。千人千面，一人一个模样，再怎么"挑剔"，人们也不至于对模特长相和妆容指三道四、不予接受。根本原因在于，在一些西方国家，"眯眯眼"是特指，是其塑造的对中国人和亚洲人的歧视形象，它代表的是愚昧、狡诈。个别不友好的西方人，对亚洲人做出往上拉眼梢的动作，就很具冒犯性。

有观点认为，如今我们强大了，没必要对一些东西"过于敏感"，而是要显示出自己的大度和自信。无论是一个民族，还是作为个体的人，大度和自信，绝对是优秀品质，它的背后是内心的强大和光芒万丈。但大度不是对任何事都不在乎，在某些问题上，容忍就是怂恿罪恶；自信也不是对任何事听之任之，在某些问题上，不管不理就是麻木不仁。

我们曾经被轻视、被侮辱，并被某种"符号"指代，如今，那个"符号"再次被提及并广泛传播，难道还要我们"漠然""安然"？自发自觉的锢聪塞明，我们真的做不到，也不应该那么做。

如果被别人嘲讽可以被允许和接受，那"东亚病夫"是不是也可以拿来当文化创意或文艺创作？

就像赵某某若干年前的小品冒犯了受众一样，大家喜爱的是他的诙谐幽默，但难以忍受对"乡下人""残疾人"的调侃。玩物丧志，玩人丧德。诙谐幽默是智慧，把别人当笑料进行调侃则未免"失德"。

算上摄影师陈漫的摄影作品，俩月之内，"眯眯眼"的形象已经三次上了热搜。怀着最大的善意，经过冷静分析，陈漫、"三只松鼠"、奔驰大概率无意冒犯国人。时移世易，但有些东西注定不可能被淹没和磨灭。这三次事件，但至少说明一点，作为传播者和商家，本应该做适合当地文化、社会、传统的推广，但他们却没有注意到应该注意的，没有避免掉应该避免的。小生意人尚知道"入乡随俗"大生意人"怎么就偏偏给"忘了"呢？

"无心"，是"心"的一种状态；正如"无物"也是"物"的一种存在一样。其实，真正冒犯我们的，不是模特的"眼"，而是商家的"心"。

在有些事情上，不要怪别人"太敏感"，只能是当事人"太不敏感"。"太不敏感"，被认为成"不怀好意"或"故意挑衅"，是很正常的。不信，可以挑一暴脾气的哥们，挑衅下试试。

美女海报"秀美腿"，谁该挨"板子"

东兴证券股份有限公司的美女组合海报2021年12月在网上引发热议。这组美女组合海报有两套，海报中分别有5位青春靓丽、颜值爆表的女生。引发热议的，是海报中的"秀美腿"。

对此，有网友认为照片养眼，顺便打个广告，无可厚非；有网友则表示，机构面向专业投资者，标榜的应该是专业，而不应是靠"秀美腿"博眼球来做销售。

"舆情"来了，公司岂能不"高度重视"？12月24日，东兴证券发布声明称：经核实，该合照系债券业务总部个别人员自费拍摄、擅自贴附了公司LOGO等内容，并自行发布于个人微信朋友圈。已第一时间要求相关人员删除收回相关照片。对于相关人员该种不当情形，公司已要求其规范个人行为，并采取责任追究措施。

如果员工只是拍个照片做成海报"玩儿"，就纯属个人行为。只要不触犯法律法规，不伤风败俗，谁都无权干涉。如果真是员工未经公司同意，擅自贴附公司LOGO等，并广泛传播，无论内容是什么，确实不该。

每个单位，都有自己的办事程序和流程。每名员工都应该烂熟于心，按程序办事。如今出现了"不按程序办事"的事，谁最应该反思呢？

最应该反思的，恐怕还不是当事员工，而应该是其所在单位的高管和领导。

作为管理者和领导者，要把"领"和"导"、"管"和"理"的功夫下到平时，万不能一出事就打"下属"的板子。

频频道歉不好玩儿

2022年刚开始，互联网知名零食品牌"三只松鼠"被网友指出其广告使用"红领巾"图案涉嫌违法，登上热搜。"三只松鼠"道歉，"向关心、支持、信任三只松鼠的消费者和社会各界表达最诚挚的歉意"。算上2021年末的海报广告"眯眯眼"事件，这是10天之内"三只松鼠"第二次致歉。

屡屡因广告"翻车"，"三只松鼠"这是怎么了？

这两则广告都是2019年的广告产品，偏偏在两年多之后的年终岁尾零食热销的时候被"翻出来"说事儿，的确让人有点搞不明白。网友猜测的"竞争对手搞鬼""商家自身炒作""阴谋论"，有道理，但谁又能求证其真伪呢？有些事注定没有真相，但"没有答案"，或许就是最好的"答案"。

不管怎样，有事儿就得担着，有错误就得认头。在这方面，"三只松鼠"做得相当到位，众人喷我当年的行为不妥，道歉好了，完全一副"好学生""乖孩子"的样子。对于一个诚恳的道歉者，受众还能怎样呢——大概率的结果是，该买的还是买；以前对这个品牌印象不深的，反而印象深刻，有可能"转化"为"忠实消费者"。因为若干事例已经证明，互联网虽然有记忆，受众的记性却往往不太好，过了说的"嘴瘾"之后，再过吃的"嘴瘾"总显得那么顺理成章，甚至没有一点儿违和感。

无论这两起事件为什么被"旧事重提"，至少"三只松鼠"是应该深思的，即使是"坏事变成好事"。

赚钱，是商家的天性。单此一点，任何一个商家，都不会明知故犯地去冒犯、挑战消费者。否则，岂不成了傻子？"红领巾"广告据说在当年颇受业界好评，"眯眯眼"在两年前也没有掀起什么大风浪，就是明证。

当时"行"，为什么现在就"不行"了呢？鲁迅先生的一句"从来如此，便对么"，或许就是答案。事实证明，一件事的持续性和其正确性没有因果关系。时移世易，当时"行"的，未来不一定"依然行"。

"眯眯眼"，是部分西方国家塑造的歧视亚洲人的形象，代表的是愚昧、狡诈。个别不友好的西方人，对亚洲人做出往上拉眼梢的动作，颇具冒犯性。受众对"三只松鼠"的"眯眯眼模特"并无恶意，真正让大家反感的还是该海报的"侮辱"意味。至于"红领巾"广告，其涉嫌违规似乎并无悬念。

社会在进步，消费者在觉醒，人们的法律意识在增强，以前仅存在于道德层面的，如今被提到法律层面，是再正常不过的事。那句老话"气死人不偿命"，现在还适用吗？即使不用"偿命"，法律责任也是逃不掉的。

因此，作为商家，从广告合规的角度讲，避免使用敏感元素做广告，无疑再保险不过。世界那么大，可用的元素那么多，为什么非要玩儿"触线"的游戏呢？就像交通事故一样，毕竟，即使"老司机"，也不是每次"翻车"都能"幸免于难"的。

庆典应该怎么"庆"？

2022年1月，一所"双一流"高校为庆祝建校120周年，拟花费120万元在世界顶级学术期刊 *Nature* 上刊发校庆特刊进行宣传，引发网民热议。

对此，有网友表示理解，个人过生日还要买个蛋糕，在世界顶级学术期刊做宣传很正常。也有网友认为不妥，校庆120周年花120万元，要是1200年校庆是不是就准备花1200万元了？为什么不拿这些钱去搞科研呢？

公说公有理，婆说婆有理。到底应该听谁的呢？在互联网时代的今天，作为当事者的南京大学，绝做不到对网民的声音听而不闻。对于如何搞校庆这一问题，蔡元培先生的观点无疑值得借鉴。

20世纪上半叶，时任北京大学校长的蔡元培先生认为："校庆日不是欢庆日，该是闭门思过日。"

可现实的情况是，多数学校往往把校庆的重点放在"庆"上。锣鼓喧天，彩旗招展，歌舞升平，成为校庆的主基调。回首忆的是学校的各种辉煌；展望谈的是形势如何一片大好，前景如何美丽诱人。唯独缺少的，恰恰是蔡元培先生提出的"思过"。

每逢校庆、节庆等各种庆典，不少人根深蒂固地认为，既然是"庆"，就应该有"庆"的氛围和样子，"说吉祥话""办吉祥事"，才是"庆"的主题。即便是"思过"，也不应在这个时候"思"。

记得有个朋友曾经说，每逢祭日，他必定要在心里虔诚地向先人汇报下自己一个时期的成绩和不足，检视自己，用这种方式"慎终追远"。

总结经验教训，综合研判形势，指导未来发展，历来是走向成功的保障。庆典是大事、喜事，总结成绩、鼓舞士气必不可少，给自己做个"体检"、挑挑"毛病"，也极为重要。大事、喜事面前，一味突出"喜"，只谈"经验"与"成绩"，不提"教训"与"不足"，未免缺了点儿"以后办更大的事"的气魄、心胸与格局。想要从成功走向成功，就一定要直面过往的缺点与不足，不能回避任何问题。这不是"不吉"，而是"大吉"。

"闻过则喜"，知道自己的过失所在，也是喜事。庆典怎么"庆"，最终的决定权在当事人，但喜中有忧，乐而不淫，才是真正"干大事"者应有的态度。

"和气生财"知易行难

据报道，2022年2月13日，有网民爆料，星巴克重庆某店驱赶在店门口吃饭的民警，声称"影响品牌形象"，网友纷纷留言请其"收起傲慢"。2月14日，星巴克中国官方微博发布说明，称该事件为"门店伙伴与当事民警在协调座位时因言语不妥引发沟通误会"，不存在网传的"驱赶民警"等情况。

"和气生财"，是普通老百姓都知道的道理。作为大小商家，想必对此言更是深有体会。"言语不妥引发沟通误会"，是星巴克核查了解事实后做出的判断。明知"和气生财"，可偏偏做不到"和气"，这种情况恐怕不止存在于星巴克。

"言语不妥"往往来自于情绪。傲慢、轻视、愤怒等情绪，都极有可能让人恶语相向。"话无好话，脸无好脸"的后果，说好听点儿是"沟通误会"，说难听点儿则是针锋相对出口伤人。柜台吵架的、路上因剐蹭事故大打出手的，皆源于此。

良好的沟通能力，是一个人做好一件事的基本要素，更是每天都要面对大量客户的服务业从业人员的必备素质。对于耐心解释、合理说明，一般客户都能理解，大不了"买卖不成仁义在"走人了事。话是开心锁，即使个别"难缠"的客户，也往往是"争个理儿"，并非完全"得理不饶人"。即便真遇到极端情况，"让他三尺又何妨"？毕竟，商家要的是生意兴隆。

世间若干道理，都可谓"三岁孩童虽道得，八十老翁难行得"。"和气生财"便是其中之一。尤其跟对方沟通不畅之后，难免会生出怒火中烧的情绪，一怒火烧功德林，使之前的若干沟通片刻化为乌有。

引起大危机的，往往是没有处理好的小事件。星巴克事件发生后，网友几乎"一边倒"地对其"炮轰"，有媒体甚至扒出星巴克在其他国家恶劣对待警察的事件，以及在国内由于使用过期食品等原因被多次处罚的记录。星巴克虽然对此事做出还算及时的回应，但品牌"受伤"依然是不争的事实。

由此看来，星巴克和"星巴克们"还应进一步强化内部管理，引导员工做"情绪稳定的成年人"，真正做到什么样的顾客都能妥善沟通。毕竟，我们到这世上是来做事的，不是吵架的。

这是企业的成长，更是员工的成长。

拿钱不担责，不行！

"我是××体验官……"打开电视，乍听见广告里的"体验官"这个名词，不禁让人怀疑自己是不是已极度落伍——"体验官"是个什么东东，莫非是个职务？说白了，不就是广告代言人吗，还造了这么个高大上的名词来"考验"我们的智商。也难怪，"越不懂就越崇拜"，广告人和广告商都懂得。

针对"体验官"这个新名词，此前就有业内人士分析，商家和代言者无非是想通过这种方式，妄图规避广告监管带来的风险。

不仅是"体验官"，各种网红直播带货，电影、电视剧、综艺节目中的各种植入广告，也数不胜数，可谓无孔不入。对此，有网友调侃说，看电视，貌似看了若干集广告，顺便插了个电视剧。

行了广告代言的实，拿了广告代言的钱，还不想为对自己的行为负责，天下哪儿有这等好事？今后，无论是"体验官"，还是网络直播者以自己的名义或者形象对商品、服务做推荐、证明的，以及包括植入广告在内的其他一些情形，至少在上海，想再靠耍小聪明瞒天过海将难上加难。

针对花样繁多的广告代言，上海市市场监管局2022年2月制定发布《商业广告代言活动合规指引》（以下简称《指引》），旨在规范商业广告代言活动，引导商业广告代言人及代言活动相关主体遵守法律法规，坚持正确广告宣传导向，积极打造良好广告生态环境，服务经济社会高质量发展。

《指引》从不能担任商业广告代言人的自然人、法人或其他组织，不得利用广告代言人或者部分特殊主体代言的商品或服务广告，广告代言活动不得出现的导向问题，以及其他不得代言的广告等四个方面列举了21项商业广告代言人资格及相关广告代言活动的负面清单。

对广大消费者来说，《指引》的发布是实实在在的好消息。给那些"神通广大"的明星、网红等戴上"紧箍"，不仅可以让他们更清楚地认清自己什么该做什么不该做，还能让其认清其行为之后所担负的责任，以及需要为该行为所付出的代价。对于一直依法依规的操作者来说，严格监管依然是个好事，因为每一个合理竞争者都希望净化市场环境。

《指引》的发布，只对一种人没好处——浑水摸鱼、靠小聪明钻空子、只想自己赚钱却丝毫不想为消费者合法权益负责的人。他们历来的逻辑就是：接了广告拿钱走人多好，商品或服务有了什么问题，大不了道个歉了事；一次道歉不行，就多道几次呗。在《指引》面前，这种把戏将再也"演"不下去了。那些科班的"表演者"，还是专心去演好自己的戏吧，别老是想在消费者面前演些"卖惨""装傻"的道歉戏。

做商业和做人没啥区别，实实在在、不坑人不骗人是最起码的要求。用"损人"的方式去"利己"，当"虽万金而不求"。诚实、守信不仅仅是市场经济所应该具有的，也理应成为整个社会的良好风尚。

"伪科学营销"为何总能重来

当科学被人们倍加推崇，"伪科学"往往会披着"科学"的外衣出来招摇撞骗，其目的只有一个——骗钱。别以为已经进入5G时代的我们不好骗，事实证明，很多时候我们仍不知不觉"中了圈套"，甚至帮助"伪科学"制造者推波助澜。

包治百病的航天纳米储能材料、治疗关节病痛的磁石贴、90%的孩子有心理问题……这些"科普文章"在许多人的微信朋友圈出现过。后来的事实证明，这全是商家为卖产品"搞的鬼"。

不要以为曾经被戳穿的骗局就不会"重现江湖"，为了经济利益，一些"伪科学"仍会卷土重来。

2022年3月，碱性水能"治病"，再次被云南昆明一家水企大肆宣扬，并在微信公众号发布了一些"患者"亲身讲述的所谓"疗效"视频。前些年，这样的"养生骗局"早就被揭穿，如今"又来了"。好在市场监管部门及时介入调查，对涉事产品全面下架。等待"吹牛者"的，必是法律的严惩。

"伪科学"具有反智的特征，但"伪科学"制造者偏偏极度相信自己的"伟大"。或许，这就是"达克效应"——越愚蠢的人，越是会高估自己，但最终呢，头撞南墙罢了。

20世纪80年代，哈尔滨公交车司机王洪成声称将一种特殊的母液按极小比例加入水中，就可配制成"水基燃料"用于发动汽车。十几年间，王洪成靠此"发明"获利超千万元。假的就是假的，演得再真也是骗局。1997年10月，因生产、销售伪劣商品罪，王洪成被判处有期徒刑十年。2021年8月，北京某动物园发布声明，提示游客莫打架，因为会引发动物模仿。对此，有业内人士表示，动物打架是本能，"动物会模仿游客打架"之说，是典型的营销案例，也是典型的"伪科学"案例。

"伪科学营销"为什么会有市场呢？新奇、独特、危言耸听的宣传内容，恐怕是其中的重要原因之一。对重视健康的人群，拿"养生""生病""死亡"去吓唬；对梦想一夜暴富的人，拿"高额回报"去引诱……如此这般，自会有人"上钩"。此外，科普相对不够"普"，应该也是"伪科学"能有立足之地的另一重要原因。如今，整个社会加大科普力度，也就不难理解了——不但为防骗和净化社会环境，更为提高全民科学素养，让科学之光、文明之光更加璀璨夺目，让我们的明天越来越美好。

"伪科学"没有能长久的，"伪科学营销"也没有不被唾弃的。没有人能永远骗人，也没有人会永远被骗。"伪科学营销"者，还是把脑筋用在对的地方吧。

"灾难营销"丑陋无比

当灾难来临，我们要做的，或是众志成城共同面对，或是捐款捐物伸出援手，或是静静等待默默祈祷……但这种时候，偏偏有些商家动歪脑筋、想邪点子，利用人们的切肤之痛打广告、做宣传，以"大爱"之名行"营销"之实，让人怒、惹人恨。

2022年3月21日14时38分许，东方航空公司MU5735航班执行昆明飞广州任务时，在广西梧州市上空失联并坠毁。机上载有乘客123人、机组人员9人。这一事故令人揪心、痛心。

然而，就在当天，山西一家房地产公司却制作了一张以失事航班图为背景、宣传其房地产开发项目的宣传海报图，海报中不仅有楼盘的名称，还有楼盘地址、销售热线等。或许是为了显示其"人文关怀"，海报中还有"愿MU5735航班的亲人平安回家""搭载133人客机在广西发生事故"等。

海报一出，网上、网下骂声一片，情绪之激动，言辞之激烈，不便展示。灾难当前，100多条生命音容不再，涉事亲属何等绝望和悲伤，事外人永远不可能"感同身受"。人们此时能做的，也只能是同情、祈祷，并重新审视生命的意义。所以，这骂，应该！

不知道是傻，还是坏，进行"灾难营销"的人虽然少之又少，但的确一直存在。

2021年7月份，河南郑州遭遇千年一遇特大暴雨自然灾害。某房地产公司也抓紧蹭热点"借机"发布广告，广告背景图是一辆汽车处在大水之中，大水即将淹没车头，配文为"就算大雨让这座城市颠倒，有车位，无烦恼"

等。同样，这种拿百姓痛点当作商品卖点、将城市危机视为企业商机的做法，被大家嗤之以鼻。最终，该当事人被责令改正违法行为，依法处以罚款100万元。

近年来，企业借灾难营销而"翻车"的事件屡见不鲜。比如，某服饰公司用甘肃越野赛事故照片打广告、某保险公司宣传"客户意外身亡获赔120万元"、河南鹤壁某游泳馆在微信公众号发布"鹤壁看海了！你还不学游泳吗"广告等，可以说，前车之鉴，历历在目。

营销本身没有错，但如果把营销与让人们付出生命、财产为惨痛代价的灾难联系起来，就忒不地道了。有广告专家表示，迄今为止，还没有任何一个成功的营销活动是基于灾难事件背景的。

广告，反映的不仅仅是一个企业的实力，还有企业的社会责任感、品质、精神和段位。

利用灾难蹭流量、博眼球，属无底线营销行为，违背社会良好风尚，情不、通、法不容，被世人唾弃，被执法机关处罚，理所应当。

"应知不知"是不务正业

俗话说，"卖啥吆喝啥"，意思是说干什么说什么，表里如一，做事情要做内行。可这"吆喝"也并非漫无边际，想说啥说啥，想做啥做啥。近年来，一些卖酒的，在夸赞自己的酒好时跨越"边界"，被依法处罚。

上海市市场监管局网站2022年4月初发布一则行政处罚信息，格英（上海）品牌管理有限公司被普陀区市场监管局罚款两万元。原因是，此前该公司在网店销售某果酒时，上架一则视频广告，广告演员展示了两次饮酒动作。

我国广告法明确规定，酒类广告不得出现饮酒的动作。作为一家卖酒的企业，莫非真的不知道"有此规定"？如果真"不知"，只能说该公司是"内行人干了外行事"，应该知道的却不知道。

因广告中出现饮酒动作被处罚的，并非"仅此一家，别无分号"。2021年5月，百威对外发布《春日游，碰杯正当时》广告信息，广告中含有饮酒动作的文案以及视频，被市场监管部门罚款25万元；2021年10月，保乐力加因发布的酒类广告中含有饮酒动作，被罚款16万元；2022年2月，宾三得利洋酒贸易（上海）有限公司通过自媒体发布的酒类广告中含有饮酒动作，被罚16万元。

对于"酒类广告不得出现饮酒动作"这一规定，按道理说白酒企业应该了如指掌，不会去触碰"红线"，但事实并非如此。2022年2月23日，贵州醇董事长朱伟在个人今日头条账号发布的一组图片引发网友关注。图片中，3个未成年人头戴斗笠、身披斗篷、腰间佩剑、手持青酒，俨然"大侠"模样。其中一张图片中的孩子，模仿东方不败（林青霞饰演）饮酒的经典动作，颇为惹眼。两天后，朱伟删除图片并发文致歉。

干啥说啥，"卖啥吆喝啥"。卖酒，就得知道卖酒的规矩，什么能做什么不能做，应该"门儿清"才对；否则，至少是"学艺不精"。

人的认知，可以分为4个层次：知道自己知道，知道自己不知道，不知道自己知道，不知道自己不知道。在法律层面，不管当事人是否"知道"，只要违反相关规定，就必须承担相应的责任。明明"知道"，还以身试法的，是赤裸裸地明知故犯和"挑衅"；至于应该"知道"却号称"不知道"的，大概率是在装傻——作为内行人怎能不知道"行规"？

"卖啥吆喝啥"，天经地义，但不能搞"双标"，不能既"吆喝"自己的商品，又不按规矩"吆喝"。"应知"却"不知"，不是不务正业又是什么？该交学费。

这样的"广告"请循环播放！

广告做得好，很重要；事情做得棒，更重要。

相信广告，是"听其言"；看事情做得怎样，是"观其行"。如果非要在"听其言"和"观其行"中选择其一，相信大家一定会选择后者。当然，"言善""行端"两者我都要、你都有，是再好不过的事。

2022年4月中旬，国内疫情防控形势依然严峻复杂，货运物流保通保畅有关工作遇到难题。在一些地方，被堵在路上的司机，心焦的同时却收获了温情。

"给您熬的小米粥，免费提供！热汤热水的！来到山东得让你们吃饱！"一则视频展现了疫情防控严峻形势下的暖心一幕。在山东东明高速公路旁路段，一个村民拿着大喇叭，不停招呼滞留司机前来就餐。受疫情影响被堵在路上的司机谢先生说，村民做饭都做到了晚上10时。"两个老奶奶一直烧水、做饭、沏茶，给钱也不要。"

"'好客山东'果真名不虚传，山东人用自己的行动，做了最好的广告。"不少网友说。

这样的温馨也发生在其他地方。在江苏无锡的高速公路旁，一个大叔一瓶接一瓶给滞留司机"隔空"投水。在江苏苏州，一个母亲带着孩子在高架桥上用吊绳给司机送免费爱心餐："有需要的都拿吧，还有呢。"在河南太康，多名村民自发架起大锅，冒雨为滞留司机做饭。他们拍着胸脯说："保证你们一天三顿有饭吃。"

无锡被称为"太湖明珠，江南盛地"，"人间天堂，自在苏州"是苏州的名片，"好人之城"说的正是太康……正是因为这些地方的人们在关键时刻的"善举"，当人们再次看到或听到这样的城市形象宣传语时，发自内心的赞赏，肯定是少不了的。

商品和服务广告，城市形象广告，比比皆是。"硬广告"不可或缺，"软广告"更有魅力。在传播规律中，人人、事事都是"活广告"，无时无刻不在向受众传播"是谁""如何"的信息。一件件善举义举，一桩桩好事实事，一幕幕温馨时刻，在传递人间大爱的同时，也为当地和当地人做了最真实、最生动的"广告"。

这"广告"，太棒了！花多少钱、请多好的演员，都"演"不出来。

"抄作业"者更需"补课"

2022年5月22日，一则"奥迪小满广告被指抄袭"的话题，将广告主奥迪、代言人刘德华、创意代理公司 M&amp；CSaatchi（以下简称上思广告）推上舆论的风口浪尖。

广告一出，获赞很多；"抄袭门"一现，差评更多。"这分明就是直接复制粘贴""堪称像素级抄袭"……网友如是说。

很快，奥迪、上思广告言辞恳切地发布声明道歉。但事已至此，"监管不力、审核不严"也好，"版权意识不强"也罢，该承担的责任还得承担。对此，刘德华也积极回应，表示"深感遗憾"。本该成为"受益者"的奥迪和刘德华，却一下子成了事件的"受害者"。

这其中最难堪的，恐怕是"小满广告"的导演彭杨军。彭导演这边儿的"葫芦"还没摁下，那边儿又起来了"瓢"。有眼尖的网友发现，彭杨军拍摄的一则宝马广告片，在构图、分镜画面上与国外艺术家拍摄的一则音乐MV高度相似，被指涉嫌抄袭。目前，该视频在多个视频平台均已无法打开。

德国飞机涡轮机的发明者帕布斯·海恩认为，每个事故征兆背后，还有300次左右的事故苗头以及上千个事故隐患，这一观点被称为"海恩法则"。一个人的广告创意在短时间内被发现两次涉嫌抄袭，那整个广告创意界还有多少次"抄袭事故"没被发现呢？

一个案例就是一扇窗户。其实，在广告创意界，"抄袭"现象并不稀奇。想赚钱又能力有限、缺乏好创意，"参考"别人的是个办法。就像好物件，"看看"无妨，直接揣到怀里就叫"偷"了。用"参考"的方法启发思路、启迪智慧是可以的，但如果演变成像素级"照抄作业"，无疑涉嫌违法。

世界很大也很小，业界更是。真的担心上思广告和彭导演今后的路该怎样走。

对当事人来说，事后承担责任、深刻反思、亡羊补牢固然重要，但"补课"更重要——以解决今后"会"和"能"的问题。

首先，要补"能力不足"的"课"。能力的提升，非一日之功，非得学中干、干中学不可。既不想受"十年寒窗"的苦，又想有"一朝成名"的美，天底下哪有此等好事？其次，要补"法律"的课。一行有一行的规矩，触犯了"红线"就是违法，是要负法律责任的。"菩萨畏因，凡夫畏果"，事后懊悔远没有事前防范"划算"。最后，要补"职业道德"的课。无论哪一行，投机取巧、损人利己的事一定不能干。无数代价惨痛的实例都一再证明，踏踏实实"搬砖"，才是最好的"捷径"。

如此说来，需要"补课"的，恐怕远不止"小满广告"的当事人，只不过他们更需要。

"赠品" ≠ "伪劣商品"

2022年6月初，朋友老李网购了几个灯具，在收到的"赠品"中，其中的"试电笔"乍一看正常，但根本无法使用。找商家"理论"，对方客服却说，"本来就是个赠品，不能用就扔了算了"。一句话，噎得老李半天说不出话来，至今仍愤愤不平。

在网购中，这样的例子并不少。2021年9月，周女士网购了一套化妆品，收到商品后，发现赠品手包竟是一个"国际名牌"。这个"大牌手包"线头裸露，拉链也不好用，一看就是个"冒牌"伪劣商品。"知道天底下没有这样好的事，也懒得跟他们计较，就直接当垃圾扔了。"周女士说。

收到质量不合格的"赠品"时，很大一部分网购者都选择了直接丢弃。对于少部分"较真儿"的消费者，客服也往往以"本来就是个赠品，又没花钱，你还想怎样"来搪塞或"引导"。如此真能"以理服人"吗？

2020年10月市场监管总局公布的《规范促销行为暂行规定》第十条明确规定，"经营者在促销活动中提供的奖品或者赠品必须符合国家有关规定，不得以侵权或者不合格产品、国家明令淘汰并停止销售的商品等作为奖品或者赠品"，并明确了相应罚则。

2022年3月2日，最高人民法院发布《关于审理网络消费纠纷案件适用法律若干问题的规定（一）》明确，奖品、赠品、换购商品给消费者造成损害，电子商务经营者也应当承担赔偿责任，不得以奖品、赠品属于免费提供或者商品属于换购为理由主张免责。

其实，关于"赠品"应该是个什么标准，说白了，就以下三条。

一是赠品必须是符合国家相关标准的合格产品，绝不能因为"不要钱"就用假冒伪劣来"滥竽充数"。

二是赠品也是交易合同的内容，与合同中其他商品的性质、要求一样，商家应当按约交付，并应按照合同要求提供售后服务。

三是如果赠品给消费者造成了损害，消费者还可以主张商家承担赔偿责任，商家没有任何理由不承担责任。

今后，再收到"垃圾赠品"后，你会采取什么样的方式去处理呢？

每个人都有不同的性格和做事习惯、做事方式，"遇事如何办"全在自己。但作为消费者，至少应该知晓自己的权利，以及商家的"边界"——我放弃可以，但忽悠我不可以——商家的有些话，是站不住脚的。

遏制天价月饼促进健康发展

按重要传统节日来说，端午过后，就该是中秋了。

2022年6月10日，国家发展改革委、工信部、商务部、市场监管总局发布公告，明确了对月饼市场的有关监管要求。

公告指出，从事月饼生产、销售活动的经营者自觉遵守有关法律法规和国家标准，依法诚信经营，维护广大消费者合法权益；对单价超过500元的盒装月饼实行重点监管；经营者生产、销售盒装月饼，应当严格遵守关于食品包装的强制性标准；不得以任何形式搭售其他商品……

对于这样做的目的，公告开宗明义——提倡节俭、反对浪费，制止天价月饼等现象，坚持月饼大众食品属性，促进月饼行业健康发展。可以说，这些话都说到了老百姓的心坎里，也是广大生产经营者所希望看到、听到的。

据了解，近年来，一些"天价"月饼的出现，其实并非多数生产经营者所愿。我卖100元，别人搞个什么花样儿卖1000元，难道我的月饼档次真的那么"低"？被裹挟着往前走，成了多数生产经营者的软肋。"促进月饼行业健康发展"，哪个月饼生产经营者不希望如此呢？

社会普遍认同，监管部门提前发力，相信今年的月饼肯定会迎来进一步回归"大众食品属性"的新风。

刚刚过去的端午节就是很好的例证。今年的端午节，市场秩序良好，过度包装、远超老百姓正常消费水平的天价粽子难觅踪影。应该说，市场监管总局（标准委）前不久批准发布的《限制商品过度包装要求食品和化妆品》国家标准第1号修改单，以及监管部门的强力监管功不可没。

虽然端午节离新国标的实施日期（8月15日）还有一段时间，但其一经发布，还是发挥了应有的作用，达到了预期效果。可见，这一国家标准群众高度认同、企业积极响应、措施深得人心。

群众有所呼，政府有所应，监管有所为，是"为人民服务"的生动体现。四部门此次发布的关于"月饼市场"的公告，同样是顺民心、合民意、惠民生的务实之举，加上新国标即将正式实施，今年的月饼市场必将更加风清气朗、欢乐祥和。

"隔离险"确实有点儿"险"

"人在家中坐，钱从天上来""隔离1天领200元，一杯奶茶钱保障1年"……这话要是亲戚朋友说，大家可能觉得他在"吹"，但如果这是保险公司的广告，恐怕就另当别论了。

2022年6月，疫情形势复杂，被"隔离"并不稀奇。一旦由于各种原因被"隔离"，花几十元钱投保，就能每天领几百元，岂不是"失之东隅收之桑榆"？也正是这种想法，近一两年，不少人选择投保各保险公司推出的"隔离险"，使其一度成为"网红"产品。

自己认为顺理成章的"好事"，却远远没有想象中那么好。现实的情况是，理赔的时候，不少人遭遇"理赔难"。

要么是提交的材料"不合格"，要么就是对"隔离"的理解不一样，反正就是"不赔"。对此，有网友调侃，"隔离险"只有两种情况不赔——"这也不赔"和"那也不赔"。

不过，保险公司也有"苦衷"。被保险人认为，只要我被"隔离"，你就应该赔付；但保险产品的规定仅限于集中隔离，且只赔付自费支出的住宿费、餐食费等。一个说东，一个说西，自然难免"吵架"。

其实，"隔离险"赔付难导致投诉多的现象，不难理解，也算不上稀奇。就像人们平时在营业厅办理业务，往往要在好几张单子上签字，但签的是个啥，也并不太清楚，只知道签了就能办，不签就办不了。

应该说，这样的办事习惯非常不靠谱。凡是需要签字的材料，往往涉及权利、责任和义务，有的甚至涉及钱财。不看就签，吃亏的往往是自己。

　　说实话，要求广告表达商品或服务所有的内容信息，根本不可能。不轻信广告，不轻信业务员，只相信合同的真实表达，是避免日后扯皮的最好办法。以购买各种保险产品为例，购买之前，搞清楚"保什么"和"不保什么"，仔细查验合同条款，必要且必须。并且，"事后维权"总不如"事前预防"来得更方便。

　　无论是保险行业还是其他行业，创新，都是必要的，但把握好创新和推广、落实之间的关系，以质取胜，才是最重要的。在经历理赔难、投诉多之后，不少"隔离险"纷纷下架，黯然退场。"噱头"害人害己，虽已被屡次证明，但不知商家今后能否长记性。

当心"高考志愿填报指导"陷阱

2022年6月底，全国各地陆续发布高考成绩，启动高考志愿填报工作。那些顺利"上岸"的考生和考生家长们又要忙起来了。

高考志愿如何填报，对考生来说，是件大事。其专业性和复杂性，让很多家庭纠结、焦虑。毕竟，十年寒窗，谁不想选一所"正合适"的学校呢？

正是摸准考生和家长的这一特点，每年此时，一些骗子和"机构"都会"准时出动"布下陷阱，从考生和家长手里"圈钱"。前几年，笔者老家的一个家长便被骗子以"内部招生"为由骗走几千元，还差点耽误孩子的前程。

"高考志愿填报指导"陷阱引起全社会的重视。6月23日，教育部梳理汇总近年来一些虚假诈骗案例的形式特点，提醒广大考生和家长擦亮眼睛，谨防上当受骗。骗子的招数儿主要有：虚假宣传拥有所谓"内部信息"，假冒所谓志愿填报专家身份，假借咨询服务名义诈骗，咨询服务质量难以保障等。

各地网信、公安、市场监管等部门也以不同形式提醒考生和家长：不要轻信号称有"特殊门路入学"的广告，警惕一些与高校官网高度相似的网站，以及宣称"交钱"就可"申请助学金"的诈骗电话。

"高考志愿规划师"也是骗局之一。有媒体报道，所谓"高考志愿规划师"，基本没有门槛，交1500元费用，只上网课甚至不用上课，一个月就能"拿证"。对于这个看上去"高大上"的"职业资格"，教育部提示，事实上，有关部门从未发放过"高考志愿规划师"这类职业资格证书。因此，声称由"高考志愿规划师""提供专业服务"的机构，必是骗子。笔者登录一个此类网站，上面甚至给出"优秀学员直接签约"的承诺。也就是说，这类骗子骗人交钱拿个假证，然后再组织"学员"去骗考生和家长，可谓"一条龙"地骗。

其实，骗子的有些招数儿并不"高级"，为何还有考生和家长上当呢？俗话说，病急乱投医。面对海量的高招录取信息，不少考生和家长难免摸不着头脑。近年来出现的一些新专业、新领域，更是让家长"看不透、拿不准"。骗子总是啥都懂。于是，"制造深度焦虑+冒充专业人士"，就成了骗子的"拿手好戏"。几场"戏"下来，几千元乃至上万元的钱财便有可能骗到手。

你有千条计，我有老主意。有关高考志愿填报的事项，还是向学校、老师或当地教育招生考试机构咨询比较靠谱儿。

高考已结束，有些"考试"却刚刚开始。一辈子很长，眼里有光，心中有梦，才是最重要的。

"打假"为何打成了"敲诈勒索"

据报道，2022年7月23日，北京密云法院审理了一起敲诈勒索案，李某等四人故意在多个乡镇超市购买过期食品，自称"吃坏了"，要求商家承担上万元的路费及就医费用，否则就向监管部门举报或在商家门口闹事。相关部门在执法过程中发现四人经常以此种手段向不同商家索要财物，遂将线索移送公安机关。经审理，法院以敲诈勒索罪判处被告人李某等四人有期徒刑，并处罚金。

我国对食品安全工作高度重视，食品安全法规定，生产不符合食品安全标准的食品或者经营明知是不符合食品安全标准的食品，消费者除要求赔偿损失外，还可以向生产者或者经营者要求支付价款十倍或者损失三倍的赔偿金。商家销售过期食品，明显属于"经营明知是不符合食品安全标准的食品"。那么，李某等四人为何还会锒铛入狱呢？

作为一般消费者，买到假货或过期食品等，一般都会选择投诉举报、退货退款等方式去解决问题。投诉举报，是为了让不法商家受到应有惩处；退货退款则维护了自身合法权益。

但有一部分人，却专门"盯住"商家的"软肋"，以"举报"为幌子，使用欺诈、胁迫等手段，要挟商家作出明显超过法律规定合法权益范围的高额赔偿。如此一来，"打假"便变了味儿，背离了法治精神，且涉嫌敲诈勒索。李某等四人，正好"对号入座"。

据了解，2021年12月最高法出台的《"知假买假"行为性质认定类案裁判规则汇总》，明确规定了"知假买假"的法律边界：索取的赔偿数额超过了法律规定的合法权益范围或合理范围，或者索赔多次且数额较大的，主观上具有非法占有的目的，且在索赔过程中使用欺诈、胁迫等手段的，构成敲诈勒索罪。

维护消费者合法权益，为公众伸张正义，这样的"打假"应该倡导。为了一己私利，以法律之名行敲诈勒索之实，这样的"打假"则逾越了"红线"。

从"打假"滑向敲诈勒索之路的，还有不少案例。比如，前几年，成都的黄某发现许多电视台播放的医疗类广告存在夸大疗效等违法行为，遂以举报相威胁，向河南、山东、四川、江西、安徽、湖北、贵州、云南、江苏、福建等地的309家电视台索取共计242万余元，涉案多达300余起。最终，黄某以敲诈勒索罪被判处有期徒刑7年。

法律的意义在于惩恶扬善，绝不能沦为个别人牟利的工具。是正义之举，还是吸血行为，想必"李某、黄某们"的内心非常清楚。

心正，则善，当褒；心不正，则恶，当罚。不惟法律，道义也如此。

敲响旅游市场安全的警钟

进入暑期，随着纾困政策措施持续发力和常态化疫情防控落实落细，我国多地旅游热度明显回升，旅游市场正在调整节奏中有序复苏。

暑期旅游市场升温是好事，但由此带来的安全隐患值得高度重视。这段时间，各地陆续出现安全事故，给旅游市场安全问题敲响了警钟。

2022年7月27日，陕西省留坝县一小型游乐设施"水果飞椅"发生倾倒，现场有人员受伤。7月22日，湖北恩施地心谷景区一名10岁男孩游玩"步步惊心"项目时，从悬空桥上坠落。7月16日，四川遂宁蓬溪县蓬南游乐中心气垫式游泳池发生损坏垮塌，导致1名高中毕业生抢救无效死亡，7人住院治疗。

安全生产，是每一个行业健康发展的基础和保证。没有安全，一切都免谈。根据"海恩法则"，每一起严重事故的背后，必然有29次轻微事故和300起未遂先兆及1000起事故隐患。由此可以得出结论——事故是疏于管理的结果，只要按规程、规定管理和操作，至少大部分事故都可以避免。

游乐场所要切实负起责任。新冠疫情以来，作为接触性、聚集性、流动性较强的行业，旅游业受到持续影响，一些旅游企业出现经营困难。面对当前的好形势，不少经营者铆足了劲儿准备"大干一场"。越是激动，越要冷静。此前的困难不是如今疏于管理的借口。发生任何安全事故，游乐场所都不可能置身事外。很难说，那些发生了事故的游乐场所都按要求进行了安全隐患排查和细致的日常维护。所有正规游乐场所，都建立了相关制度和规定，并有完善的应急措施。有制度和规定是一回事，是不是得到完美执行是另外一回事。不落实、落细，一切字面上的东西都等于零。

监管部门要未雨绸缪，防患于未然。旅游市场的监管涉及多个部门，每一个部门都责任重大。进入暑期以来，针对旅游市场，各地及时行动，对关键部位、关键节点进行全面排查，逐项消除风险隐患；组织应急演练，提升实战能力。此外，要增强风险意识，深刻认识当前安全生产工作面临的新形势、新问题，把"严"的主基调持续贯彻到日常监管执法工作中，努力做到防患于未然。

人人增强安全意识是当务之急。在有些游乐场所，也有少数游客因违反有关规定而遇险，有的甚至付出了惨痛的代价。"万一"的事故，发生在当事人身上，就是100%。哪怕仅仅出于对自己负责，也应保护好自己。难题的解决，需要全社会、多部门的共同努力。各负其责、联合执法、综合治理、群众参与，才能真正消除各类安全隐患，把问题真正解决好。

想我，真的假的？想得不对就违规！

"想你的风还是吹到了重庆""我在深圳很想你""我在宁波很想你""我在厦门很想你""我在南宁很想你"……2022年8月，不少年轻人在社交平台晒出打卡"网红路牌"照片，掀起一股"浪漫风"。

咋各个城市一下子冒出这么多如此浪漫的"路牌"？

据报道，这类"网红路牌"形似正规路牌，是各商家为了"引流"而在店铺前面或店铺附近自行设立。有商家表示，这样的"路牌"，花几百元就可以"定制"；"路牌"安装半个月以来，人气超乎想象，一天平均有几十人来拍照打卡，店里的生意也更火了。

商家乐于制造"小浪漫"，受众"积极配合"来打卡，论说是一件两全其美的事。但"路牌"指示的方向对不对？商家有无权利自行设置"路牌"？

很快，多地民政部门和城管部门发声，路牌发挥指位作用，不恰当的路牌会造成误导，道路标志牌设置有严格的审批流程和标准，未经审批设置属于违规。

"其兴也勃焉，其亡也忽焉"。2022年8月21日，"多地商家立网红路牌被拆除"上了热搜。据了解，7月份以来，上海、宁波、南宁、柳州、咸宁、十堰、腾冲等地，均拆除了这类违规擅自设置的"网红路牌"。

这种由商家自行设置的标志牌，其实属于特殊类型的广告设施，不能擅自设置。对此，有执法人员提醒，对于已经设置此类标志牌的商家，要尽快自行整改，否则，将根据相关法律法规依法处置。出于商业宣传的目的，如需设置户外广告牌，一定要按程序办理相关审批手续，审批通过后方可设置。

制造浪漫，没有错；想个创意引流让生意更好，也没错；一不小心踩了法律法规的"红线"，则需及时改正，吸取教训。毕竟，"无心之错"也是错。

城市的美，在于风情和浪漫，也在于规划和规范。如果谁想竖个什么东西就竖，谁想立个什么牌子就立，岂不乱了套？因此，有人担心，如果任由这种态势发展下去而置之不理，那么"网红路牌"很可能会成为新的"城市牛皮癣"。这种担心，于法于规，于城市的规范整洁，都不无道理。

对于这种"浪漫的事"，有些城市也没有"一刀切"。据报道，在广西南宁七星路"我在南宁很想你"的路牌被拆除时，设置在文化创意园内、同样内容的另一块"网红路牌"并未被拆除；江苏南京江宁区佘村的3块"网红路牌"也因"不在城市市政道路两侧"，被地名办认定不算违规。

有的城市对"网红路牌"网开一面，体现了执法的包容，主要原因是，其未对路人产生误导、不妨碍交通安全。但政府部门没有对此"一禁了之"，并不代表商家可以任意而为。合法合规的生意做得心里踏实，在店铺装潢特色、商品特色上多下功夫，一样可以吸引人们前来打卡、消费。

有些浪漫，不在表面，在心里。

内心惦念，才是真的"你想我"，无论你在哪个城市，吹着哪儿的风。

省委书记要求深刻反思的问题，如何解？

有的知名景区，名气不可谓不大，基础条件不可谓不好，但客流量却不温不火。这究竟是怎么一回事？

最近，云南省委书记王宁也提出了类似的疑问。

2022年8月14日，云南省委书记王宁、省长王予波率队在昆明检查疫情防控工作，调研推动旅游业快速恢复。在云南民族村，王宁强调，全省各景区景点要自觉遵守防疫要求、严格落实常态化防控措施，共同维护和巩固来之不易的旅游复苏成果。云南民族村作为老牌景区，基础条件不错但客流量不够，要深刻反思工作不足在哪儿？游客为什么不来？要深入思考如何学习借鉴兄弟景区的创新经验和做法，大力推进旅游产品创新、业态创新，大刀阔斧进行改革，不断推出新的旅游形态，全面提升质量和效益。省级文化旅游等相关部门要积极支持省内重点旅游景区和旅游企业高质量发展。

其实，知名景区"客流量不够""游客不来"等问题，不仅在云南的一些景区存在，其他地区也并不少见。

知名景区之所以知名，"硬件"很"过硬"，往往是其主要原因。比如，历史悠久、风光秀丽、设施完备、特色明显等。这些因素，有的是大自然的馈赠，有的是老祖宗留下的遗产，有的则是现代科技的功劳。只要保存好、维护好、发展好这些现有的东西，这些"硬件"就能继续"硬"下去。

"好刀"固然好，再配上一身"好武艺"，才能发挥它的最大效用。这样的道理放在景区上，就是练好"内功"，立足实际在原有的基础之上进一步开拓创新，做好安全和服务等"软件"工作。

　　练好"内功"，说起来容易做起来难。且不说"内功"的涵盖面广、内涵多，单是安全和服务工作，想做得实、做得细、做得到位，就已非常不易。越是难事，往往越是关键之事；做难事，往往必有所得。

　　举个例子。8月8日，针对"某云南旅游团被强制消费"一事，我们刊发评论文章，对这一事件进行了剖析。"旅游变购物"的现象并不少见，"不合理低价游"也是旅游市场一直存在的"痼疾"。这种现象不下大力气治理，"毒瘤"不除，景区的人文底蕴再厚重，风景再秀美，也没人愿去、敢去。

　　8月15日，文化和旅游部官网发布通知，要求进一步加强旅游市场执法，依法查处"不合理低价游"、指定具体购物场所、导游强迫或者变相强迫购物等各类旅游市场违法违规行为。综合各地情况来看，上述现象也一直是执法部门重点打击的违法行为。可以预见，各地这方面的"软件"将逐渐"硬起来"。

　　除了服务，安全这个"软件"也应"硬起来"。近期各地景区出现的一些安全事故，已屡次为我们敲响了警钟。相关部门严格执法，景区切实落实安全责任，游客按要求规范游览，都是避免事故发生不可或缺的重要因素。

　　世上没有一劳永逸的事，也没有一下子就能解决所有问题的灵丹妙药。但有"锁"就一定有"钥匙"。让硬件更"硬"，"软件"也"硬起来"，恐怕是解决包括知名景区在内的所有景区"客流量不够""游客不来"等问题的好办法之一。

"舆情应对"课该补

谁都不是生活在真空里，作为企业、单位或个人，遇到舆情在所难免。

有错误和不足不可怕，如何应对才最关键。勇于承认错误，积极改正，善莫大焉；不承认自己的不足，要么找客观理由，要么遮遮掩掩，反而令人生厌。最极端的是，当事人对存在的问题只是"甩锅"，对不喜欢听的声音置之不理，则会引发媒体和受众的"斗志"，继而扒出更多不利于当事人的"陈年往事"。这就叫二次舆情或次生舆情。

因为应对不当而引起二次舆情的企业，不在少数。根本原因，或由于大意，或由于傲慢，或由于专业知识欠缺。企业老板都是高智商的人，没有谁愿意看到自己的事情被处理得"雪上加霜"。但主观愿望与客观事实似乎总难完美结合，一旦引发二次舆情，别管什么原因，最终吃大亏的，肯定是企业自己。

那个曾经家喻户晓的"喉片"，就是个例子。最初，该公司只是欠了广告公司的钱，败了官司，掌门人被依法限制出境，媒体联系采访，得不到任何回应，记者们只好翻翻"往事"。一下子，被限制消费、被列为失信被执行人、劳动者争议纠纷、买卖合同纠纷、侵害商标专用权纠纷、广告纠纷……众多陈年"伤疤"被揭，让人看着闹心。二次舆情果真来了。

舆情应对意识不强的企业，把小事搞成大事，把坏事搞成更大的坏事，是必然的。就像家里有个爱闯祸的孩子，聪明的家长总会大事化小，小事化了；不会处理事的家长，则只会一味地"护犊子"，让对方更加火上浇油。

公众一直是善良而宽容的，只要让大家看到当事人处理事情的诚意，没有多少人会揪着别人的错误不放。更高级的应对，甚至会取得别人的信任，赢得朋友。不少人因为车辆剐蹭事件而成为朋友，就是这个道理。

做企业，重视研发、营销和广告，都是应该的。晴天要想着阴天的事，多向规范企业看齐，多跟专业人士和专业机构学学舆情应对，恐怕是众多企业亟须补上的一课。

培养乡村食品安全"守胃"人

对于食品安全监管工作来说，广大农村仍是重点地区。针对基层监管力量薄弱的实际，近年来，不少地方聘请村民担任食品安全信息员（协管员），负责村里的食品安全协管工作。可以说，他们是食品安全方面的宣传员、巡查员、监督员、联络员、信息报送员和简单问题调处员，是监管力量的有益补充。当前食品安全形势不断好转，他们功不可没。

《中共中央国务院关于深化改革加强食品安全工作的意见》明确要求，在城市社区和农村建立专兼职食品安全信息员（协管员）队伍，充分发挥群众监督作用。让农村的食品安全信息员（协管员）队伍发挥更大作用，无疑是实施健康中国战略和乡村振兴战略的重要一环。因此，抓好以下几项工作十分必要。

加强培训，培养群众眼中食品安全"明白人"。村里的食品安全信息员（协管员），同其他村民一样，是"泥腿子"出身，并没有专业的食品安全知识。所以，聘请他们担负起食品安全协管的重任，非得激发他们的积极性"从头学起"才行。要结合农村实际，讲清工作职责，用典型案例解读法律法规、讲授食品安全常识，消除各种食品安全隐患。他们的能力水平提高了，才能真正做群众眼中的"明白人"。

发挥优势，培养基层一线食品安全"守望人"。在广大农村，小卖店和婚丧嫁娶等集体聚餐场所是食品安全监管的重点。靠现有的监管力量，根本不可能做到全覆盖。食品安全信息员（协管员）则弥补了这方面的不足。大家都是乡里乡亲，小卖店今天进啥货，大家都门儿清。谁家哪天婚丧嫁娶办宴席聚餐，更是瞒不过彼此。单是在掌握信息和监督提醒这方面，土生土长的食品安全信息员（协管员）就有着得天独厚的优势。

落实责任，培养监管人员的"千里眼"和"顺风耳"。近年来，随着食品安全信息员（协管员）队伍的壮大，各地纷纷出台措施，明确食品安全信息员（协管员）的职责任务。小事自己指导、解决，大事向食品安全监管部门报告。比如，很多地方都建立了农村集体聚餐食品安全分类指导制度，根据聚餐活动规模等指标，明确了食品安全信息员（协管员）的不同职责。

实践在基层，创新在基层。培养一支乡村食品安全"守胃"人队伍，正当时。

看清"朋友圈"里的坑

大家都知道"互联网不是法外之地",但似乎很少有人会把微信朋友圈的内容与违法广告联系起来。不知道、不了解的,不一定真的不存在。因为发朋友圈,而被广告监管机关"盯上"的,可谓屡见不鲜。

前几天,一个做英语培训的老师在朋友圈发布招生信息,因存在"最有效"等字眼儿,被广告监管机关约谈。他说,自己被"吓了一身汗",没想到"这也算违法"。无独有偶,像这个朋友一样"无知"的,远不止他一个。据报道,浙江某水果店前一时期因在朋友圈发布广告信息,同样被立案查处。原因是,店主在朋友圈发布的推销广告中,含有"全球最好的榴莲""最好吃的奶油枣"等字样。

我国《广告法》明确规定,禁止使用"国家级""最高级""最佳"等用语。但这些词,偏偏是法律意识不强的"广告主"们喜欢使用的。原以为"我就发个朋友圈推销个啥",谁知道,却"正好违了法"。

规模较大的企业一般都有专业的广告公司服务,即便是公司内部人员写文案,相信也不会犯这样的"低级错误"。他们犯的错误,往往"精确计算了违法成本",明知故犯,比如,在媒体上大做违法广告的不良医药保健品企业等。对于这样的企业,当重罚。

对于规模小、广告信息发布范围不广、未造成恶劣影响的"广告主",相信广告监管机关会仔细甄别,依法对其行为作出公正处理。毕竟,"不清楚""不知道"不能成为违法的理由,做了违法的事,就应该承担相应的责任。所以,即便受到处理,也没有什么冤枉的。谁让自己"学艺不精"呢?

法律神圣不可侵犯，触犯法律必须受到制裁，如此，社会公义方能彰显。从另一个角度来说，有不少人认为朋友圈的违法广告信息是"无心之错"，起码能证明这方面的法律法规还不够普及，应加大对类似案例的宣传力度才是。

蓄底气

不少人喜欢"走捷径"。可世间哪儿有那么多捷径可走？

凡是想着"走捷径"的，无一不是缺少底气，无一不是懒气缠身。

历史的经验已经无数次证明，脚踏实地的"笨办法"，就是最快、最平坦的路。能选择"笨办法"的人，已自带"我就行"的底气。

校园"陪餐制"贵在落实

校园食品安全一直是各地各部门高度关注的重点工作。跟前几年相比，目前的校园食品安全状况在不断好转，但校园食品安全形势依然复杂严峻，与亿万家长、人民群众的热切期盼仍有较大差距。

2019年4月1日施行的《学校食品安全与营养健康管理规定》有一条要求：中小学校、幼儿园应当建立集中用餐陪餐制度，每餐均应当有学校相关负责人与学生共同用餐，做好陪餐记录，及时发现和解决集中用餐过程中存在的问题。对此，人民群众和广大媒体普遍"叫好"。同时，也有业内人士表示，更应靠"技术的力量"保障校园食品安全。这是人民群众发自心底的呼声，也是各地各部门努力的方向。

回顾以往，在校园食品安全的探索与实践方面，各地各部门都作出了大量努力，积极寻求"有效监管"的方法与路子。

以"陪餐制"为例。从2013年10月中旬起，河北省邢台市在全市学校和幼儿园陆续建立推行校长"陪餐制"，校领导除"陪餐"外，还必须提前进入食堂察看相关情况，并在饭后记录用餐评价和整改意见。今年2月底，广东珠海的一些学校已经"官宣"：每天必须有学校中层以上干部在学生食堂"陪餐"，校领导每周至少"陪餐"一次。

近日，山东省冠县市场监管局也创新工作方法，推出了监管人员到辖区各学校陪餐制度，要求每个局领导和市场监管所所长每周至少一次自费到辖区内的学校进行"陪餐"。目的是全面了解学生用餐状况，监督提升学校食堂的食品安全与饭菜质量，倒逼学校切实承担食品安全主体责任。

　　除了"陪餐制"，各地各部门还依靠智能化管理软件等新技术，通过电脑和手机远程监控餐厅后厨的卫生状况。其实，所有这些举措，目的只有一个——严防严管严控食品安全风险，大力提升校园食品安全保障水平。

　　保证食品安全，的确不易。但至少目前我们看到的是，学校严格落实食品安全主体责任、教育行政部门严格落实管理责任、市场监管等部门严格落实监管责任、地方党委政府严格落实属地管理责任的决心和信心，以及若干正在被探索、被实行的举措。可以说，这些举措都是经过调研得来，也都切实可行。

　　"为政贵在行"。工作要干好，关键在落实。校园食品安全事关"祖国花朵"的健康，事关亿万家庭幸福，事关社会和谐稳定，是食品安全工作的重中之重，也是一项重大的政治任务。只有加强部门协同、社会共治，形成工作合力，把辛苦探索来的各项举措真正落到实处，才能打好校园食品安全这一仗。

直播带货靠什么

人生无处不销售，这话，我信。

这不，2020年4月1日晚，提前放出话来要在某平台直播带货的罗永浩，果真来了。靠若干年积累的广告效应，老罗又销售了一次自己。

后来的数据显示，老罗的"首秀"效果不错——支付交易总额超1.1亿元，累计观看人数超4800万人，同时在线人数最高峰为290多万人……对于老罗这样一个"商业人士"来说，这数字，足够了。

在这场直播里，平台、商家、老罗，谁是最大的赢家？只有偷偷数钱的赢家最清楚。对于老罗来说，他只需知道，有名气就能自带流量，就够了。

老罗，为什么就能自带流量呢？经历和性格使然——高二毕业，工地筛过沙子，摆过地摊，开过二手书店，当过新东方英语老师，创办过网站，开过英语培训学校，卖过电子烟，写过书，做过手机……不知是"干一行爱一行"，还是"爱一行干一行"，反正，老罗干过若干行业，但基本上属于"屡败屡战"。

对于老罗的评价有好多，唯独只服一个——"著名连续创业者"。

他的牛博网，两年多关张；英语培训学校，时间不长销声匿迹；做电子烟，请陈冠希代言，结局可想而知；得意之作"锤子手机"，吆喝了好长时间，也没见多少人用过。好在，老罗意志坚定，败不馁，如今又"创业"了——直播带货。

人们对于老罗直播带货的评价，就像对他这个人的评价一样，有人说好，也有人说不好。老罗能在乎你说他"首秀表现不佳""现场翻车不断"

吗？在乎，就不是罗永浩了。没点儿承受力，他能"屡败屡战"到现在？

其实，评价一个人，历来就像评价张三、李四一样，一番评头论足之后，也就抛到九霄云外了。谁真关心别人家的事？随便那么一说罢了。对此，老罗和"老罗们"是心知肚明的，他们要的，只是流量。别以为他们真的在乎谁的评价。

但反过来说，对于别人的评价，认真，你就输了；直接当成空气，恐怕也不对。有些意见和建议，还是要听的。比如，你老罗不吃小龙虾，你向网友推荐个"锤子"？曾经当晚信誓旦旦的"最低价"，怎么突然就啪啪打脸了？

创业和守业，都不容易。依老罗的性格，估计很难把直播带货这类"为他人作嫁衣裳"的事儿一直做下去。但无论今后做什么，都真诚希望老罗脚踏实地，认认真真做下去。毕竟，岁数儿也不小了；毕竟，比起流量来说，具有"匠人精神"的好货才更长久。要知道，"豆腐西施"的豆腐之所以能一直卖得好，最关键的，恐怕并不在于她本人的流量，而在于豆腐的一贯品质。

为"考校长"叫好

2020年4月，在四川省自贡市，725所中小学校的校长和分管食品安全的副校长，托幼机构的园长和分管食品安全的副园长，共1096人，当了一次"考生"。考试内容，是食品安全责任能力。考试试卷分A、B卷，题目主要有判断题、单选题、多选题和简答题，完全是一种"考学生"的节奏。

既然是考试，就得有规矩。报道说，这次考试的结果，将被纳入学校食品安全信用档案。考试不合格的，补考；补考不合格的，按有关管理办法规定执行。

无论从孩子们的健康角度来说，还是从保障人民群众利益的角度来说，都要为这样真刀真枪的考试点赞。

学校食品安全事关学生身体健康，事关亿万家庭幸福，事关社会和谐稳定，一直是食品安全工作的重中之重。近年来，各地各部门认真贯彻落实党中央、国务院决策部署，在制度建设、加强管理、隐患排查、监管执法等方面做了大量工作，校园食品安全状况不断好转。成果来之不易，但更要清醒地认识到，各种隐患仍然存在，校园食品安全水平与人民群众的期盼仍有差距。

一直以来，尤其近年来，校园食品安全，党和政府关心、群众关切、社会关注。食品安全监管部门和教育行政主管部门也为此想了许多办法，出台了若干有针对性的的措施。学校方面，更是如履薄冰，生怕哪里出了纰漏。

认识一致，目标相同，解决问题就迈开了关键的一步。好的出发点固然重要，迈好每一步，把每个环节的工作做好更为艰巨。当前，各地的监管不可谓不严,措施不可谓不多,工作不可谓不重视,但校园食品安全形势依然复杂严峻,究其原因,还是一个个看似不起眼儿的小漏洞引发的大问题。

小漏洞来自何方?往往来自长期坚持中的松懈和侥幸。一切工作按规范性程序操作,每个环节都严格把关,漏洞就不容易出现。可怕的是,总有人心存侥幸,或把希望寄托在下一个环节的"严管"。

"天下大事必作于细"。越是艰巨的工作,越是要毫不松懈地从细节抓起。自贡市的"考校长"抓的就是其中一个细节——让校长们把自己的职责时刻熟记于心。真考,实干,把各项措施做实做细做到位,才是严防严管严控食品安全风险的长久之道。

"言之殷殷"更应"行之切切"

一些企业尤其知名企业，一旦被曝出有何问题，往往会第一时间道歉、发声明、公开整改举措，言语之中颇有壮士断腕的决心与悲壮，使人几乎心生敬意。可一旦把事情从头到尾捋一遍，就会发现，自己的"几乎心生敬意"可能错了。因为被曝光的问题早就存在，且当事企业早就知晓，只不过一直将错就错。面对如此情况，你还能"心生敬意"吗？

2020年7月下旬，某App被曝光存在广告乱象，屡现虚假广告，甚至成为黑色产业链。事情一经曝光，该App所在公司马上发布致歉声明，并迅速推出整改措施，绝对可以说"态度端正""措施可行"。其实，早在两年前，就有媒体曝光该App上的广告涉嫌违法。这么长时间风平浪静，为何到现在才急火火地出来表态呢？

之所以会这样，其实也好理解。企业和个体的人一样，往往精于计算：做了不合适的事，当指责自己的人对自己构不成威胁时，便假装没听见，依旧我行我素，甚至暗暗骂一句"吃饱了撑的"；一旦对方够强大，惹不起，便马上出来赔不是，给对方和公众一个交代，以免事态发展对自己更不利，及时止损。

知错能改，是件好事。可问题是，这样的企业或个人往往不是"知错能改"，而是能不改就不改，到非改不行的时候才"急忙改正"。这一切，都符合趋利心理——不改，利大于弊，所以不改；不改就面临更大的危机，此时改正依旧利大于弊，所以马上表态改。道理虽然可以这样解释，但如果真的这么做，未免让人感觉不地道。

"知错能改，善莫大焉"，重点在"知"和"能"。一知晓，马上就能改，是条好汉；知晓了却拖着不改，不但算不得真英雄，反倒有"看人下菜碟"之嫌，更何谈"善莫大焉"，顶多只能算是"悬崖勒马"。

况且，群众的眼光是雪亮的，你是不是真改，是否改到位，谁都看得见。承认错误时的"言之殷殷"，必要但不是关键；改正错误的"行之切切"，才是保证自己今后健康成长的首要手段。这道理，对人和企业都适用。只不过，不一定每个人和企业都有胸怀、有格局、有决心、有能力做得到。

稻谷香里说丰年

　　每年的秋分，是中国农民丰收节。2020年9月下旬，全国各地不少地方举办各具特色的节庆活动，欢庆金秋丰收，期盼来年有个好收成。

　　江西于都梓山镇的富硒蔬菜、湖南凤凰菖蒲塘村的特色水果、福建永安小陶镇的优质大米、四川成都的美食直播……在这个"百花齐放"的丰收节，各地纷纷拿出自家的"宝贝"，喜迎八方客，活脱脱一台台展示科技强农新成果、产业发展新成就、乡村振兴新面貌的"广告秀"。

　　一个意义特殊的丰收节。今年是全面建成小康社会收官之年，也是脱贫攻坚决战决胜之年，14亿中国人民正为之努力奋斗。伟大的事业之所以伟大，不仅因为这种事业是正义的、宏大的，而且因为这种事业不是一帆风顺的。突如其来的新冠肺炎疫情、长江流域严重洪涝灾害、东北地区夏伏旱、连续台风侵袭，给今年的粮食和农业生产带来挑战。广大农民和基层干部迎难而上，防控疫情保春耕，不误农时抓生产，坚持抗灾夺丰收，终于迎来了又一个丰收年。

　　一个物质、精神"双丰收"的丰收节。我国自古以来就有农事节庆的传统，五谷丰登，国泰民安，是每一个炎黄子孙的美好祈愿。近年来，我国农业连年丰收，农业机械等新技术的应用、电商等新业态的发展，让农民过上了好日子。前段时间休假回农村老家，乡亲们说，地里的收成自不用说，在家门口打工，一天最少也能挣100多元。厕所改造、煤气改造、房前屋后的花坛，让他们过上了"城里人般的日子"。新时代的农耕文化自信，写在一张张淳朴的脸上。

　　一个充满荣誉感、幸福感、获得感的丰收节。秋收、秋耕、秋种，是传统意义上的"三秋大忙"。但如今，农业机械代替了人工，其实已说不上"大忙"了。纵观各地丰收节的活动，唱主角的大都是特色明显的名优土特产。与以往不同的是，不少地方增加了电商促销、直播带货等新项目。多少辈子面朝黄土背朝天的农民，如今竟然成了活跃在互联网上的"网红"。难怪有基层干部说，农民丰收节也是广大农民的广告节。他们的广告作品，就是那些品质优良的农产品。

　　华北地区有农谚，"白露早，寒露迟，秋分种麦正当时"。农民丰收节，庆的是今年的五谷丰登，播下的是来年希望的种子。

放任思想懒惰就是纵容

2020年国庆长假期间，一个代理减肥产品的朋友发来微信，说请人给产品设计了几条广告语，让我帮他选择一下。大致扫了一眼，我便陷入沉思。沉思的缘由，不是不好选，而是没的选：这老板究竟是什么脑回路，怎么花钱买这种"外脑"？

这几条广告语，一条是"说什么胖子没有未来，他们连现在都没有"；一条是"连身材都管理不好，还管理什么人生"；最后一条更是让人感到既可笑又可气——"别太胖，容易挡住别人的WIFI"。

对于这几条"广告语"，我不好直接给出"差评"，就给朋友举了两个例子。

一个例子是前几年看过一则内增高皮鞋广告，大体内容是：某男子身材矮小，所以没有自信；穿上某品牌的内增高皮鞋后，立刻变得意气风发，俨然一副傲视天下的样子。开什么玩笑，高了几厘米，就能俯视一切了？自信是内在素养的外在体现，一双鞋子就能改变人生？关键是，取得巨大成就的小个子比比皆是，凭什么把小个子塑造得那么畏畏缩缩？

另一个例子是，2019年，日本有调查机构公布了当年的"艺人广告代言排行"排行榜，身高157厘米、体重107公斤的渡边直美，以远超第二名的成绩位居榜首。为什么？因为她有个性、敢于表现自己，善于用自身的成长诠释人生的无限可能。在接受采访时，渡边直美说，我爱自己绝不是因为胖，而是因为真的爱；无论今天还是昨天，尺码是大是小，我都爱自己。有什么比自信、自爱更珍贵、更美好的呢？这样的姑娘，着实令人敬佩，难怪那么多品牌请她代言。

人的高矮胖瘦不是毛病，身体有缺憾也不是毛病。思想懒惰、认知水平低，还惯于嘲笑别人，才是毛病。

代理减肥产品的朋友说，几条广告语是年轻人的创意，我们看不惯，或许是真的老了？我立刻回怼，不要侮辱年轻人好不好！年轻人的确有思想、有活力，敢于创新，敢想敢干，但拿别人的缺憾做广告，不是幽默。能"抄出"这样"广告语"的年轻人，真的不能代表年轻人。再说了，回想若干年前，谁还不是个宝宝？

"戴着镣铐"如何"起舞"

2020年10月，社交网络上善于蹭热点的"老司机"杜蕾斯"翻车"了。原因是，其关联公司一款产品的广告宣传违背社会良好风尚，被市场监管部门罚款81万元。对此，网友反应各异。有人认为"太污，该罚"；有人认为它就是那么个产品，"创意和文案真是太难了"；还有人认为，"81万元买热搜"等于再次宣传，"值了"。

一直以来，广告文案都是广告人面临的严峻考验。做好了，金主爸爸高兴，受众耳熟能详，还能奠定自己在广告界的江湖地位；做不好，万一广告主吃了罚单，就只有"皆大不欢喜"了。尤其像杜蕾斯这样属性特殊的产品，更是"戴着镣铐起舞"，格外考验"舞者"的技巧和水平。

杜蕾斯的广告团队一直备受网友追捧，杜蕾斯被昵称为"小杜"。小杜的广告文案往往语出惊人，但流量滚滚，动辄阅读量十万次数十万次，活动爆款百万级也不稀奇，其独门武功就是"蹭热点"。它的蹭热点非同寻常，往往能"蹭"出新视角、新高度，风流但不下流。例如，妇女节期间，小杜的文案是："做个好情人？好妻子？好妈妈？好女人？都不是——做个好自己！"相信所有女性都会被此宣言感动。父亲节的广告文案"成为父亲or用杜蕾斯，都是负责任的表现"，满满正能量，想不火都不行。

前几天，小杜还蹭了苹果最新发布的iphone12系列手机的热度，"5G很快，但你可以慢下来"的文案引发"编外广告人"段子手们的调侃。大家说，还是等着买iphone13、14、16吧，因为王守义说"十三香"，莎士比亚说"十四行"，古人云"十五的月亮十六圆"……经过这一番操作，iphone和王守义又火了一把。

小杜此次被罚的广告，作为传播内容来说确实"太污"，被重罚着实不冤。为何此前没事，偏偏这次就出事了呢？有业内人士说，是因为小杜换了广告合作团队。团队不同，理念和操作方式肯定不同。但无论什么样的广告团队，都必须遵守社会公序良俗，绝不能挑战法律底线。

其实，对于法律风险较高的产品广告，除"戴着镣铐起舞"之外，大可联合业内组织，通过公益活动、科普宣传等方式，扩大知名度，展现社会责任，把宣传推广做到"润物细无声"。毕竟，不留痕迹的教育，才是最好的教育；没有宣传意味的宣传，才是最好的宣传。

放下此次被罚事件不说，蹭热点再有水平，也只是一种技能。做广告、搞营销，多一种方式，多一种途径，总比"把鸡蛋放在一个篮子里"好。至少，不会被别人说"技止此耳"。

从"饭局"看"格局"

2021年初，在疫情形势平稳地区，亲朋欢聚一堂仍普遍现象。在保证疫情防控安全的情况下，一桌亲朋偶尔小聚无可厚非。但对于公职人员尤其领导干部来说，则必须要时时保持头脑清醒，不该吃的饭不吃，不该入的局不入，防止因为"一餐一饭"而误入歧"局"。

此时说这话，未免有些煞风景。但忠言逆耳，该说的还是得说。

"饭"里往往有"局"。作为公职人员，监管服务对象的吃请绝对不能参加，这个道理大家肯定都懂，不少人想必还深有体会。即使现场都是亲朋，没有监管服务对象或涉及某事的直接利害关系人，也要时刻绷紧廉政这根弦，做到不该说的坚决不说，不该做的坚决不做。因为，没准儿在场的某位亲朋就是别人请来的"说客"。"酒杯一端，政策放宽"的事，千万做不得。一些警示教育里的典型案例，已经给了我们太多的教训。

该入什么样的"局"。作为公职人员，当下的首要任务是从自我做起，少聚集、不聚集，巩固我国疫情防控取得的战略性成果；这个"局"，该入。"受人之托，忠人之事"是中华民族的优秀品质，党和人民给了我们一定的公权力，我们就必须履职尽责，把党和人民托付的事办好；这个"局"，该入。除了工作需要以外，少出去应酬，多回家吃饭，省下点儿时间，多读点儿书，多思考点儿问题；这个"局"，也该"入"。纯粹吃吃喝喝的"局"，还是少入、不入为好。

"饭局"里有"格局"。王阳明说，"圣人必可学而至"。我们即使不能"至"，至少也要奔着那个方向去努力。这是一个人的格局。在某单位的一次会议上，有位领导讲过一句话，廉洁从政，完善自我，从回家吃饭开始。当时，全场报以热烈掌声。回家吃饭，少了廉政风险和健康隐患，多了温馨陪伴和家庭幸福，是多少父母妻儿的祈盼，谁不"心有戚戚焉"？"本领恐慌"要解决、孩子作业要辅导、父母年迈要照顾，时间只能来自八小时之外。胸中有家庭、事业、职责，都是有格局的表现。饭局可有可无，有些甚至必不可有；格局则是家国情怀，有国也有家，必不可少。

曾国藩说："天下事，在局外呐喊议论，总是无益，必须躬身入局，挺膺负责，乃有成事之可冀。"人活一辈子，总要做点儿事，给这世界留下点儿什么。与其饭局多，不如格局大。"天下兴亡，匹夫有责"，少入饭局，多在"天下事"上"躬身入局"，才是大格局。

不做食品浪费的"必剩客"

　　自2021年4月29日《中华人民共和国反食品浪费法》施行以来，各地加大宣传力度，防止食品浪费，倡导文明、健康、科学的饮食文化。江苏南京、福建厦门、浙江温州、江西九江等地相继开出了当地针对食品浪费的"首张罚单"，"有法可依"正成为反对、防止食品浪费的有力抓手。

　　面包因尺寸不够、规格不达标被丢弃，蛋糕边角料被当作"废品"扔进垃圾桶，没有及时提醒顾客适量点餐并提供打包服务……这些此前令人痛惜却"处罚无据"的行为，如今都因浪费食品而吃了罚单，被责令整改。

　　处罚不是目的，引导规范社会行为，注重发挥法治的引领和推动作用，才是立法的要义。反食品浪费法施行半个多月以来，执法部门迅速对有关商家发出责令改正通知书，对当事人进行行政约谈，要求改正浪费食品的行为，值得点赞。随着普法和执法力度的逐步加大，以及防止食品浪费观念的深入人心，相信此后的以身试法者将付出更大的代价。

　　有少部分人认为，商家剔除"颜值低"的食品，是为了更严格的品质管控，吃罚单有些冤枉。对此，有法律专家指出，商家控制产品质量和浪费粮食不是一回事，不能偷换概念、混为一谈。对于符合安全要求、因各种原因无法按原价售卖的食品，请消费者免费品尝或打折让利销售，以及通过正规渠道捐赠给有需要的特定人群，也不失为一个好方法。

　　制止浪费，商家有责任；节约粮食，人人有义务。一段时期以来，点餐量远远大于实际需求、"吃播"充斥网络等不文明行为大量存在，为人们所诟病，也引起了党和政府的高度重视。经过宣传和引导，这一现象已大有改观。勤俭节约，是中华民族的传统美德。防止食物浪费，从小处说，事关个人和家庭的良好习惯和"钱袋子"；从大处讲，事关保障国家粮食安全。在家吃饭或外出就餐，"适量"，是我们都能做到的。做多了、点多了，就一扔了之、一走了之，当"必剩客"，无论从哪个角度讲，都极为不妥。

无论商家还是个人，做浪费食材和浪费食品的"必剩客"都不可取。商家严控品质利用大数据做食品销售的"日光族"，消费者做适量做餐、点餐的"光盘侠"，才是当今社会的新"食"尚。

颗粒归仓也是"护农"

2021年6月中旬，又是风吹麦浪的夏收季节，不少网友开始半认真半调侃地发布"你家喊你回来割麦子了"的短视频，惦念家乡的收成。

其实，在我国大部分地区，机收已是普遍现象，费时费力的人工收割已成为历史。当前，我国小麦、水稻、玉米的机收水平，已分别达到97%、94%和78%。

机械化程度的普及，提升了粮食收割效率，但这一环节的粮食损耗却不容小觑。有农业专家在调研中发现，在机收环节，水稻和小麦的损失率分别为3.83%和4.12%。据测算，如果能把小麦机收的损失降低1个百分点，就能挽回粮食25亿斤以上，潜力非常可观。

降低机收损耗是增加粮食产量的重要途径。有过农村生活经历的人都知道，粮食作物的机收损耗与机具的性能和作业方式、作业质量密切相关。收获时机不对、机械本身存在缺陷、农机手操作不规范等都是造成农作物损失率偏高的重要因素。因此，确定最佳收割时间、强化作业管理、确保农机具最佳性能，尤为重要。

"老把式"不能顾大不顾小。农民和机手都是"老把式"，把握收割时机应该不是问题。但由于农村外出务工人员较多，麦收季节，外出务工人员即使回去收麦，也往往是"快去快回"，尽量少耽误时间。"少收几斤跟打工的工资相比，是小头儿"，有这样想法的并非个例。但从大局着想，如果每户农户都"不计较"那"几斤"，放在全国范围就是巨大浪费。还是应该收麦、打工"两头儿"兼顾，抓住收割最佳时机。

管理部门大有可为。前不久，农业农村部召开"三夏"小麦机收暨粮食作物机收减损工作视频会议，强调强化作业管理和宣传培训、强化技术指导和组织调度、强化农机研发和推广应用，目的就是降低机收损耗增加粮食产量。不少基层市场监管部门也在积极开展"护农"行动，其中就包括严查假冒农机具配件、检定计量器具等工作，切实保障夏粮收获颗粒归仓。

一粥一饭，当思来之不易。颗粒归仓，从小处说，事关勤俭节约良好传统的传承和农户的切身利益；从大处着眼，事关国家粮食安全和发展大局。无论从哪方面考量，都应站好自己的"岗"，把好自己的"关"，把握好夏收环节，让辛苦了半年的劳动成果颗粒归仓。

谁来判定跨界经营"香不香"

2021年6月下旬，"中国邮政成立奶茶店"的相关话题登上微博热搜。这个奶茶的名称为"邮氧的茶"，奶茶的外包装设计有邮政元素。据报道，"邮氧的茶"为福建省邮氧的茶餐饮管理有限公司的产品，商标为中邮恒泰药业有限公司申请注册，中邮恒泰的大股东正是中国邮政100%控股的中邮资本投资管理有限公司。

看来，尽管中国邮政福建分公司表示此奶茶并非中国邮政的业务，只是入股公司的合作项目，但该奶茶也并非与中国邮政毫无关系。

别人做个奶茶，想有这么大动静都不太可能，为什么与中国邮政关联的公司做个奶茶就引起了全网关注呢？

原因在于，中国邮政凭借网点多、分布广的独特优势，做跨界经营已经不是第一次了，且效果至少在外界看来并不那么好。比如2010年，中国邮政联手其他投资方成立中邮百全连锁超市，设定了"2015年开出上万家门店"的目标，欲打造"农村版沃尔玛"。几年过去，这个"农村版沃尔玛"又在哪儿呢？再如2019年，第一家中邮大药房开张，效果也不如人们想象的好。

拥有5.4万个营业网点，做什么做不成？人们一贯对"优秀生"期待过高，所以"邮氧的茶"一出生，便引来了万人瞩目。不少人甚至回想起了中国邮政以往的屡次跨界，用"屡败屡战""包邮送到家吗"来调侃。

或许，中国邮政的跨界经营也并没有人们想象的那么不好。中国邮政官网显示，经过多年持续发展，中国邮政集团有限公司已转型升级为实业与金融相结合、业务多元化的大型企业集团，竞争实力得到增强，企业效益明显提升，社会影响不断扩大。在2020年《财富》世界五百强企业排名第90位，在世界邮政企业排名第2位。

另据报道，中国邮政2020年半年报显示，1—6月，集团公司完成收入同比增长10.93%。收入完成预算进度52%，超序时2个百分点；利润完成预算进度65.9%，超序时15.9个百分点。收入、利润增幅均超央企平均水平。看来，江湖大佬确非浪得虚名。

做生意，只要合法合规，怎么都无可厚非，且赚与赔都正常。经营主体搞跨界经营，并不是什么新鲜事，它到底"香不香"或者"有多香"，大可交给市场和未来去检验。反正，笔者愿意怀着最大的善意，衷心希望"邮氧的茶"能够成功。因为如果真能如此，至少，我等消费者在购买奶茶时也会多一种选择，也能从另一个侧面证明我们的市场主体在竞争中越来越有智慧。市场主体强，市场经济不可能不强。

"秃然"的烦恼

2021年6月，某植发连锁机构向港交所主板递交上市申请，有望成为"植发第一股"之际，被人翻出曾因多次广告宣传违法被处罚的"旧账"。

近年来，"颜值经济"让植发行业越发火起来，"未脱单先脱发"一度让众多年轻人欲哭无泪，纷纷加入植发大军。中国健康促进与教育协会公布的数据显示，我国近2.5亿人受脱发问题困扰，平均每6人中就有1人脱发。

有报道称，植发医疗市场2020年的规模约为134亿元，预计将以18.9%的复合年增长率发展，到2030年达756亿元。有机构曾估算，一般植发手术需要提取的毛囊单位数量大多以千计，以植发价格每单位10元计，植发的平均客单价为3—7万元。

面对如此大的植发市场，难怪植发机构众多且不惜使用违法广告宣传手段"抢夺客户"，帮助客户解决"秃然"的烦恼。有病乱投医，再加上植发机构广告描绘的"美好前景"和"咨询师"的"循循善诱"，为数不少的植发者最终不仅没解决烦恼，反而增添新的烦恼。

在众多植发维权案中，不少消费者因为跟商家签订植发存活率的承诺书而"放心消费"。但结果是，经多次护理、保养，过一段时间，"森林"依旧恢复成"地中海"，申请退款却困难重重。

经梳理，违法植发广告大致有以下几种常见情形：利用患者的名义、形象作证明，含有说明治愈率或有效率内容，变造医疗广告审查批准文件，宣传未授予专利权的专利申请和已经终止、撤销、无效的专利等。

如何避免因"头等大事"而引起"再次烦心"？首先，植发属于医疗行为，为避免出现"烦心事"，消费者最好选择正规医疗机构植发。其次，尽快推动行业标准化、市场规范化，从服务标准、专家资源、技术研发等方面，规范、细化植发整体流程。最后，卫生、市场监管、网信、公安等部门创新执法手段，互相配合，切实管好植发医疗行为从宣传到实施的各个环节，严厉打击违法违规现象，促进行业健康规范发展。

戴其冠者承其重

戴上漂亮的大帽子，还不想承受它沉甸甸的分量，世上哪有这样的好事？"欲戴王冠，必承其重"，说的就是这个道理。

如果脑袋和脖子没有承受"王冠"的力量呢？那就是《周易·系辞》所说的"力小而任重"，十有八九是没有好结果的。

据报道，2021年7月7日，位于安徽省合肥市淮河路步行街的"辣斗辣"火锅店因食品加工操作区设置不规范、蝇虫防消不到位，被市场监管部门责令停业整改。报道还说，该店6月30日向行政许可部门提交了食品经营许可证的申办材料，但并未取得食品经营许可证。综合各方消息发现，这家店是湖南卫视一个主持人创立的火锅品牌加盟店。

食品加工操作区设置不规范、后厨卫生脏乱差，对消费者的合理诉求视若无睹，未取得食品经营许可证……作为一家餐饮企业，谁能想到它究竟还存在多少问题尚未发现？

近年来，明星开火锅店等进军餐饮行业的例子有很多，"屡战屡败"和"偃旗息鼓"者也不在少数。他们有的是自己创业，有的是入股，有的是代言，还有的名为"入股"实为"代言"，简直称得上"百花齐放"。可这些"花"开得好不好，就另当别论了。反正，有一个事实是，已有多位明星悄悄退出了餐饮界。看起来，跨界并不那么容易。

明星开饭店，跟普通人开饭店有个最大的不同——自带流量，更容易被消费者知晓。在这样的情况下，饭店管理规范，各方面跟得上，无疑赚钱更容易。凡事都有两面性。这样的饭店如果出现问题，传播速度也会更快，传播范围会更广，对投资方造成的伤害也会更大。谁让你自带流量呢?

　　隔行如隔山。戏演得好，不一定能把饭店开好。看似门槛低的行业，其实大有学问。眼里只看到"瓷器活"，而不看自己有没有"金刚钻"，很少有不失败的，世事大抵如此。年轻人开奶茶店、文青开书店，多属此类。

　　这世上，能把所有事情都做好的人，是少数。如果没那本事，倒不如把主业做到极致更妥当。

　　演戏的，还是多在演戏上下功夫吧，甩手掌柜不好当。只挂名，往往最终得恶名；只投资，往往最终蚀了老本。假如真得了恶名，蚀了老本，也得受着——谁让你当初戴了那顶貌似"摇钱树"的帽子呢?

要"自律"还是要"铁拳"？

炸鸡掉地上继续用，清洗剂滴进油锅……2021年7月17日，某微博视频号发布了华莱士某家门店存在的食品安全问题，引起大众广泛关注。

说实在话，大家最关心的，还不是那家门店是否被停业整顿，而是其他门店到底卫生状况如何，食品安全有没有切实保障。因为，在类似问题上，大家更愿意相信"窥一斑知全豹"的道理，也更倾向于"逮住一个、揪出一批"，维护自己的合法权益。

市场监管部门的反应速度正是广大群众想看到的。事情发生后，北京、上海、厦门、长沙等地市场监管部门对当地的华莱士门店进行突击检查，发现多家门店存在垃圾桶未加盖、晨检记录不全、从业人员未取得健康证、食品贮存不符合要求等问题。接下来，就是依法办事了。

相比之下，华莱士的反应也不慢。这家连锁快餐品牌及时发布声明，称"关注到网络上关于个别员工操作不规范的报道""涉事餐厅北京霍营店已停业整顿"，并表示"对该区域内所有员工再次强化培训，重申并落实各项产品操作规范和作业流程"等。

世上没有"月光宝盒"，时光不能倒流。出了问题，积极整改是对的，但真改并落实到位是不容易的。"个别员工"的说法，是事实，但必须痛定思痛举一反三，全面自查自纠；"对该区域内所有员工再次强化培训"，那其他区域就可以万事大吉了？

华莱士在官网的显著位置标注"全国门店一万家"，但据报道，这家连锁快餐品牌目前在全国的门店远不止一万家。在涉及食品安全、消费者利益和品牌发展这件事上，一家门店"有病"，全部门店"体检"，是有必要的。

　　无论从消费者利益出发，还是从企业长远利益考虑，上海市市场监管局在约谈华莱士总部负责人时提出的"三个必须"，都非常正确且必要：必须高度重视食品安全问题，必须全面开展食品安全自查自纠，必须严格落实企业主体责任。

　　这"三个必须"，也可以归结为一点——加强自律。做餐饮，食品安全是第一位的，即便有一万个理由，这个责任也逃不掉。一个人、一家企业，最好的管理是自律。如果管不了自己，就只能让别人来管。对不能自律的企业来说，就只能依靠社会监督和执法部门强有力的监管"铁拳"。

　　综观一些大型企业，不仅设有食品安全委员会、食品安全部、品质管理部等，还有一套成熟的自律机制，"食品安全与质量是头等重要的大事"，早已不仅是落在字面上的表态性表述。"华莱士们"，是否该向人家学点儿什么呢？

　　自律，是一场与自己的斗争，刚开始肯定会有些许不适，一旦成为习惯，就会"越自律，越美好"。对企业来说，不自律，只能迎来社会监督、市场和监管的"铁拳"。

不能让"对策"毁了"政策"

严禁炒作中高考"状元""升学率",这样的禁令近年来可谓已经三令五申。即便如此,2021年中高考成绩公布后,个别学校我行我素,"上有政策,下有对策",玩起文字游戏。

比如,福建泉州某中学脑洞大开,用了个"福建省没人比他高"的委婉说法。广西柳州某中学索性发了个"通告",要求全体老师严守规定,不许宣传该校出"状元",更不能暴露文科裸分和总分状元都在该学校,好一个"此地无以三百两"。还有的学校宣称,"全市共15位同学高考分数被屏蔽";分数被屏蔽,很明显就是进入了全省前50名,这也太"凡尔赛"了吧。

为了说出不让说的话,能把文字运用到如此出神入化的地步,也真是难为校领导了。但暗度陈仓的学校领导也别为自己的"高智商"窃喜。据报道,山东省政府教育督导委员会办公室日前连续下发关于济南市商河一中、聊城临清市违反《深化新时代教育评价改革总体方案》有关规定的通报,分别对商河一中和临清市违规宣传予以通报。

2020年10月,中共中央、国务院印发《深化新时代教育评价改革总体方案》,强调坚决纠正片面追求升学率倾向,严禁公布、宣传、炒作中高考"状元"和升学率。为什么要出台这样的规定呢?归根结底一句话,"扭转不科学的教育评价导向"。

学校之所以有强烈的意愿大肆宣传升学率,是不正确的政绩观带来的后果。我国未来的发展需要大量高素质人才,既要有高精尖科技人才,也要有高素质劳动者和技术技能人才。人们之所以对职业教育存在误解,除了社会用人方面存在问题外，各学校不正确的政绩观也是推手之一。

"教育评价事关教育发展方向，有什么样的评价指挥棒，就有什么样的办学导向。"各地各学校的领导们能教育出"分数被屏蔽"的好学生，相信也一定能理解有关文件精神，能按照国家的长远规划为社会培养出更多、更优秀的涉及各领域的优秀人才。

其实，学校大肆宣传"状元""升学率"，喜的是个别企业和众多培训机构，忧的是我等家长——企业可以蹭热点，培训机构不愁没生源，家长则只能一手玩命挣钱交培训费，一手高举"大棒"逼孩子学习。在这种社会氛围和社会环境下成长起来的孩子，又能有多少人真正有创造力呢？

分数，充其量只是学生时代的"标签"之一，它不是也不应是一个人一生的全部。帮家长和孩子们树立"科学成才"的观念，恐怕才是各地各学校更符合政策的对策。这对国家、家庭和孩子们，都好。

谁更应该有"容貌焦虑"

医美行业近年来不可谓不火。别说几家医美行业的大公司了，即使一些名不见经传的医美公司，也有不错的经营收入。

2021年10月8日，医美行业再博大众眼球。北京法院审判信息网公开杨洋与北京更美互动信息科技有限公司网络侵权责任纠纷一审民事判决书。该公司运营的微信公众号"更美研究所"发布的多篇涉案文章中，使用杨洋24张肖像，且包含微信二维码、"更美"App推广、医美产品介绍推广等信息，被判定侵犯杨洋肖像权，赔偿经济损失4万元。

其实，更美互动公司的做法在行业内并不鲜见，由此引发的法律纠纷也不在少数。打开"更美研究所"微信公众号，一连串"致歉声明"让人哭笑不得。该公司至此已被多名艺人起诉。另据报道，今年以来，作为医美巨头的某上市公司共有29条被起诉的开庭信息，面临包括吴奇隆、华晨宇、鞠婧祎等明星的起诉。

与其说这些纠纷都是所谓"软文"惹的祸，不如说是商家贩卖"容貌焦虑"搞套路种下的"恶果"。

拍个照片都要美颜，可见人们到底有多爱美。正是抓住人们的这个心理，商家推波助澜，"化妆拯救颜值，整容逆天改命"之类的宣传语，进一步制造、放大"容貌焦虑"，让很大一部分人们深信"颜值改变命运"。割了双眼皮的、打了什么针的，不知有没有改变命运，反正医美公司的命运倒是被改变了——赚了钱。

如果医美公司合法规范经营，倒也无可厚非。但为了吸引更多的客户，不少经营者玩起各种套路。推广所谓"软文"、配以明星照片、含有广告信息，他们玩得最轻车熟路。这些"软文"绵里藏针，润物细无声，杀伤力很强。

在这样的"套路"下，消费者"受伤总是难免的"。数据显示，今年上半年全国消协组织受理的美容美发类投诉比去年同期大幅增长。2020年上半年美容美发投诉量10270件，2021年上半年16459件，同比增长60%，投诉量居各类投诉的第五位。

"乱象"必须治理。2021年6月，国家卫健委等八部门发布《打击非法医疗美容服务专项整治工作方案》。8月，市场监管总局发布《医疗美容广告执法指南（征求意见稿）》，重点打击"制造'容貌焦虑'，将容貌不佳与'低能''懒惰''贫穷'等负面评价因素做不当关联或者将容貌出众与'高素质''勤奋''成功'等积极评价因素做不当关联"等情形。

治理行业"乱象"不应仅仅是监管部门的事，经营者增强自律意识，也至关重要。动辄不惜冒着违法的风险搞套路者，知道自己的"吃相"有多难看吗？到底谁更应该有"容貌焦虑"症？的确值得深思。

还需提醒的是，我们都是消费者，跟风、不理性，历来是"伤不起"的开始。轻而易举地就相信了他人的"忽悠"，我们对自己容貌的"不自信"得有多"自信"啊。

坚信自己不行这种"自信"有些变态

2021年12月初，有位做企业的朋友打电话说，让我给他做了十几年的企业想个名儿，原因是他不想用那个"外国名"了。他说，即使换掉十几年的品牌名字，也要起个"中国名"，他对自己的产品有信心，对中国市场有信心。

此事不仅让我佩服朋友的勇气和自信，还让我想起了最近备受大家关注的慕斯床垫的"外国老头儿"，以及多年之前披着外国品牌"外衣"的某地板品牌。

大家还记得电视广告、户外广告上拿着烟斗貌似乔布斯的那位"外国老头儿"吗？最近，证监会针对慕思上市发布了一份问询函，包含了59个问题，其中一个问题就是关于这个"外国老头儿"的。据报道，在早期宣传中，慕斯不断强调"法国皇家设计师""创始于1868年"等广告语，配上"外国老头儿"的肖像，因此很容易让消费者产生"慕思是个外国品牌"的印象。实际上，慕思只是一家广东东莞的本土企业，"外国老头儿"只是一模特而已。对此，有网友表示，"这就是智商税"。

其实，"假洋品牌"现象并不是个案。2006年央视"3·15"晚会曾经曝光的欧典地板，曾宣称创建于1903年，总部在德国，在欧洲拥有1个研发中心、5个生产基地。事实上，它的地板只是北京通州区一个加工厂代工的。靠着一张"洋外衣"，这个地板竟然每平方米卖到了2000多元。

与我那位朋友相比，一边是付出代价也要让国货有张"中国脸"，一边是"欺骗"与"打擦边球"并宣称自己是"外国血统"，同样是做企业，经营思路的差别咋就这么大？

　　一个企业的经营思路，是企业"掌舵者"格局和价值观的体现。你可能在某个时刻欺骗所有人，也可能在所有时刻欺骗某些人，但不可能在所有时刻欺骗所有人。耍小聪明者，终将被识破，只能落得个"聪明反被聪明误"的下场；靠大智慧者，终将造福他人成就自己，赢得人心赢得市场。

　　福祸无门，唯人自召。"小聪明"赢得的只能是风光一时，前些年跌跟头的欧典，不就是例子吗？如此看来，有些"健忘者"并非真的健忘，多数还是被不当利益蒙蔽了双眼的侥幸。

　　有的人恨自己"出身"不好，怪自己父母"没本事"。你要有本事，可以让自己的孩子成为"富二代"啊。同样的道理，中国货非要披上"洋外衣"，恨不能自己血管里流淌着外国的"血液"，这得有多不自信啊。不过这话也可以反过来说，这类人，把"不自信"表现得非常"自信"——坚信自己不行。

　　坚信自己不行的"自信者"，你快长点儿志气吧。

这几个老师，能得上天去"播种"

2021年12月12日，去朋友家串门儿，朋友正在跟上小学的闺女做实验，客厅桌上、地上一片狼藉。朋友边忙活边跟我说，闺女在电视上看到了我国宇航员的太空授课，这几天一直缠着他在家做实验，并说"长大后当科学家"。

看到、听到这些，心里由衷地高兴——像这样的"天宫课堂"，从形式到效果，都不是一般的好。别说孩子了，即使我们这些成年人，也通过这个"课堂"感受到科学就在我们身边，并从心底迸发出强烈的自豪、自信。

这次约60分钟的中国空间站首次太空授课活动，三位航天员演示了微重力环境下细胞学实验、人体运动、液体表面张力等神奇现象，并讲解了实验背后的科学原理，通过视频通话形式与地面课堂师生进行了实时互动交流。

近年来，我国教育一直在积极探索中改革、前进。无休止的刷题、写不完的作业、辅导不完的功课，不仅让孩子们背负着沉重的"包袱"，也让家长们身心疲惫。"只要不提学习，都是好孩子""不写作业父慈子孝，一写作业鸡飞狗跳"……成为若干家庭的生动写照。

重压之下，难得有兴趣存在的空间。做好一件事情的最大动力，来自兴趣和责任。有谁能在斥骂声中把一件事情做得至臻完美呢？

作为航天员，翟志刚、王亚平、叶光富"上了天"；作为引导孩子兴趣，教给孩子科学知识的"老师"，他们三个的本事也可以说一起跟着"上了天"。这样的"老师"太帅了，谁不喜欢？难怪有孩子说，还有这样的"老师"吗，再来一打。

现实生活中，也有好"老师"。去年，一位市场监管局的朋友跟我分享他带孩子的心得。他说，他经常和孩子一起测量一些规则的、不规则的东西。爷儿俩用尺子量、用溢出容器的水计算某种物体的体积，甚至用大树的影子计算它的高度。"量天量地量万物"，是他和孩子的约定。这样的孩子，学数学还会感觉难吗？

由此联想到市场监管部门每年开展的一些科普活动，检验检疫的、计量的、食品安全的、识假辨假的……也都润物细无声地给孩子们种下了求知的种子。

据报道，前几天的太空授课活动，在中国科技馆设地面主课堂，在广西南宁、四川汶川、香港特区、澳门特区分设4个地面分课堂，共1420名中小学生代表参加现场活动。

这些中小学生代表，以及通过电视、网络收看太空授课的孩子，他们得到的会是什么呢？是兴趣、引领，是自豪、自信，肯定还有其他更多。针对"'天宫课堂'还招老师吗"的网友留言，新华社记者回复：先从锻炼身体开始，时刻做好准备。

科学和真理从来都在我们身边，理想和梦想既远在天边又近在眼前。在此，@市场监管系统的各位同人和广大网友，利用好手里、脑子里的资源和智慧，点燃孩子们的热情和激情，帮他们种下探索更广阔星辰大海的种子——为他们，为我们，更为中华民族更加美好的明天。

叶茂中留下了什么?

2022年1月13日,"广告狂人"叶茂中走了。

多年之前,笔者采访过叶茂中。那时候,我们称他"老叶"。

那是个夏天,和老叶约采访时间,他说白天没时间,便约在晚上。

老叶很不见外,直接在户外支上了啤酒摊儿,算是他的晚餐。那次采访之后,跟老叶虽只有过几次联系,但一直关注他的动态。令我佩服的,是他一往无前的奋斗精神。

在任何一个行业摸爬滚打,无论多优秀,都不能赢得所有人的赞扬,在广告圈尤其如此。"今年过年不收礼,收礼只收脑白金""地球人都知道""一年逛两次海澜之家",这些耳熟能详的广告语,皆出自叶茂中之手。但"人红是非多",说实话,针对老叶的争议与非议,一直都有。干什么说什么,卖什么吆喝什么,是老叶的鲜明特征。不违法违规、客户满意、自己有收获、搅和了国内广告圈的一池春水,老叶都做到了。功过任人评说,老叶尽管前行。

"不比稿、一口价、一次性全部付款到位后开工"是老叶立下的规矩。所以,他在很多圈内人眼中根本不像乙方,而更像甲方的"甲方"。别人只看到他的"牛气",我却知道,老叶不易。之所以能做到这些,一切源自他的一往无前。

老叶有个观点,我极为认同。人活在世上,恰好干了自己喜爱的工作,那才叫活得有意思。

任何工作环境,都难免遇到烦心事和爱抱怨的同事。这种时候,抱怨何用，顶多过过嘴瘾罢了，该干的事一点儿少不了，平添烦恼罢了。消极怠工，更不划算，水平得不到提升、能力得不到锻炼，最坑的，是自己。

老叶走了。除亲人的悲痛外，这世界，貌似还是一样。但与他打过交道的和未曾谋面的人，似乎都有必要思考一件事情——这么知名的老叶走了，他留给我们什么？

这个问题，一千个人，会有一千个答案。反正，他经常让我想起那句"虽千万人吾往矣"。那句话，是孟子留下的，但话里一往无前的践行精神，是老叶带给我的。

政务服务不可一怠废百功

随着政府部门业务办理服务的持续优化，当前群众办事已经越来越方便、快捷。但在一些地方，真心、热心、放心的服务方式仍未落到实处，"离岗"等不规范现象仍有发生，不免让人着急又上火。

据安徽网报道，2022年大年初七，春节假期结束上班头一天，有记者前往安徽省蚌埠市人民政府政务服务中心，发现存在小广告现身办证台、二楼办证大厅液晶提示器时间显示滞后17分钟、有个别窗口无人值班等情况。

报道指出，对于上述问题，有工作人员表示，小广告应该是他人年前为之，清洁柜台窗口时没有发现，否则肯定会及时清理；将立即调整液晶提示器的显示时间；离岗人员已"请假"，会稍后过来，离岗期间相关业务会有他人代办。

尽管人们愿意相信该服务中心存在的问题是偶然现象，但该服务中心仍应反思管理工作是否到位，工作人员也应反思自己是否真正做到了"人尽其责"。如果每个人都把自己负责的事情做好，办事讲程序、讲规矩，一些常规性问题才不会发生。即使出现个别瑕疵，人们才有理由相信那是真正的"无心之过"。

办事大厅、办事窗口是党和政府服务人民群众的第一线，办事环境不尽如人意、工作人员不能给人民群众留下好印象，将直接影响人民群众的幸福感、获得感，甚至影响党和政府在人民群众心中的良好形象。

当前，各地高度重视作风建设，持续发力纠"四风"树新风，层层压实作风建设责任链条。2月7日，河南省漯河市"能力作风建设年"活动首期月讲堂开讲，推动能力素质提升、干部作风转变、工作落地落实。2月8日，浙江省杭州市召开深化作风建设大会，开场短片"自曝家丑"，通报过去一年查处的"四风"和腐败问题典型案例，督促全市党员干部揽镜自照。

作风建设永远在路上。有问题不可怕，可怕的是对存在的问题视而不见，或根本不把问题当问题。窗口工作人员很辛苦，但"一怠废百功"，让一些不好的习惯毁掉持续的辛苦，真的得不偿失。平时我们一直讲的"担当"，说难也难，说易也易，关键在于敢不敢"事上练"。把工作干好，把事情办实，就是最直接的担当。

别揣着明白装糊涂

"买房送老婆"，这是什么情况？2022年3月，在广西壮族自治区柳州市柳江区，一则楼盘广告引起市民热议。面对质疑，该楼盘营销中心业务员表示，广告是"买房送给老婆"之意，并不是"凡是买房子的，就送一个老婆"。

其实，这种故弄玄虚"小儿科"噱头，一直存在。四川德阳、广东佛山、江苏泗洪、海南海口等地，均出现过"买房送老婆"广告。无一例外，看了这样的广告语，市民表示"被雷倒"。

广告吸引眼球的方式有很多，其中之一，便是故意使用有认知歧义的用语，利用歧义自说自话，挑逗、取悦并愚弄受众。

2019年5月，广发银行上海分行做了一次活动，市区广发银行持卡人，抢购优惠券最高可享五折的美食优惠。为此，其在微信公众号上发布广告，题为《不要告诉别人，你的肚子是被我们搞大的！》。当地市场监管部门依据广告法，责令当事人停止发布广告，并处以罚款。岂料当事人不服，把市场监管部门告上法庭。经两级法院审理，当事人以败诉而告终。

谐音梗、歧义梗，都是广告创意的一种，运用得当无疑可以增强广告黏性。如钟表的广告语"一表人才"、打印纸的广告语"不打不相识"等，都可以说是定位精准，直击核心。相比之下，那些俗不可耐"抖机灵"的广告黯然失色，令人生厌。

面对那些明显有悖于公序良俗的广告，成年人尚可一笑了之，但它又给少不更事的孩子带来怎样的信息和影响呢？孩子们并没有生活在真空里，积极、向上的社会环境会促使他们健康成长；人为制造"垃圾"去荼毒孩子的心灵，谁又能做到无底线无视和容忍呢？

善于狡辩的人，总是诬陷别人"思想复杂"，其实"复杂"的正是他自己。恶俗广告的广告主和广告经营者、发布者，也分明是揣着明白装糊涂，必要时甚至一脸无辜，表面可怜，实则可憎。

不是唱高调，商人首先是社会的人，然后才是商人，理应担负起社会责任。通往好创意的道路千万条，为什么非要选择既拉低自己人品，又被人们唾弃的低智商之路呢？

"雪崩时，没有一片雪花是无辜的。"社会环境净化与否，每一个人都有责任。作为向大众传播信息的广告主和广告经营者、发布者，尤其如此。公序良俗是标尺，遵纪守法是底线，违背任何一条，公众必不答应，法律也自有论断。

话说如何不被骗

2022年5月，中央中宣部、公安部联合启动"全民反诈在行动"集中宣传月活动，目的是发动群众力量，汇聚群众智慧，营造全民反诈、全社会反诈浓厚氛围。说白了，就是"想方设法不让大家受骗"。

最大限度地千方百计地保护我们"钱袋子"的安全，国家真可以说是操碎了心。毕竟，每个人都安居乐业，才是我们大家都想要的。

一提到上当受骗，大家首先想到的往往是老年人，但如果真的以为只有老年人才会被骗，那真是太天真了。年轻人身边的骗局也不少，并且不少人已经"中招"了。

公安部网安局日前发布的"防骗宣传海报"，就对"刷单""裸聊""退款""网恋"等"骗术"予以揭露、提醒和宣传。这4种"骗术"针对的，还真的就是年轻人。

刷单，先返小钱，套你大钱；裸聊，截你屏，勒索你；冒充电商说退款，下载软件掏你钱；虚拟姻缘"一线牵"，先骗感情再骗钱。所有这些，都是为了让你自己掏钱给他。

智商不能短期提高，防诈骗却有"锦囊妙计"。所以，"你有千条妙计，我有一定之规"。

一是相信"天上不会掉馅饼"。骗子也知道你不傻，但他不确定你"尝到甜头"后会不会变傻。所以，他们往往会以刷单、炒股等形式，先给你颗"糖"，勾起你的"贪欲"，然后再一步步诱导"养肥"，最后拉黑。辛苦劳动尚不能"轻松致富"，在陌生人的指导下就能？做梦吧。

二是别闲着没事找刺激。寂寞的夜，寂寞的你，网络那端没准儿还有一个正在寻找"猎物"的不寂寞的他。美女来搭讪，还说网络不好，换个App，要裸聊。天哪，太刺激。刺激果真来了，下载了App之后，手机里的通信录就被对方掌握了。咋地？他已截屏，想要名声，拿钱来。人在做天在看，不想不雅照被亲戚朋友看，自己酿的苦酒自己喝吧。

三是现实生活中得不到的，网上更别想得到。梦里啥都有，网上也是啥都有，尤其"帅哥美女"。化妆的"欺骗性"有多高就不用说了，没准儿，对面的"美女"就是"抠脚大叔"呢，那谁知道。你侬我侬情意浓，情到浓处啥都行。咱俩一起买车、买房，投个资吧。结果，可想而知。人常说，"战场上得不到的，谈判桌上更不可能得到"，现实生活中得不到的，网上能得到？还是踏踏实实地努力提升自己比较靠谱儿。

如果非要总结成一条，那就是，踏实工作"好好搬砖"，美好生活是奋斗出来的，没有捷径可走，别净想些个没用的。

谁打败了菜刀

都说"功夫再高，也怕菜刀"，但鼎鼎大名的张小泉菜刀，却被一头蒜给搞折了。

2022年7月14日，"张小泉客服称菜刀不能拍蒜"登上热搜，被免费打了一波广告。事情的起因，是广州一消费者用张小泉菜刀拍蒜后，菜刀断开。消费者联系张小泉渠道经销商反映刀面断裂问题，客服回复"菜刀不能拍蒜"。

对于"菜刀不能拍蒜"的说法，网友表示不解。中国人做菜，随手拍个黄瓜、拍个蒜，是再正常不过的了，这大牌菜刀怎么突然告诉人们"不能拍蒜"？

对此，张小泉方面表示，该消费者购买的菜刀材质属于硬度较高、锋利度较高的产品，韧度会差一点儿，如果在使用过程中发力过猛，比如横拍等，刀具受力不均匀的时候，容易断裂。

消费者看重的是常识和经验，张小泉讲的是科学和道理，貌似谁都没错。只是客服一句"不能拍蒜"，颇有把责任推给消费者的意味。商家历来讲"和气生财"，遇到具体问题得灵活处理，一味"硬刚"，不是生意人的风格。

事件是营销的风口。据报道，事情发生后，同行王麻子、阳江十八子连夜直播拍蒜。有网友说，这哪儿是在拍蒜，分明是在拍……

7月15日，张小泉发布情况说明，表示"诚恳接受所有相关的质疑与批评"，力争在刀具方面"持续研发""充分考虑消费者的实际"，并愿意"普及刀具正确使用的方式""满足广大消费者对于中式烹饪的需求"。

不得不说，这样的表态，才是具有近400年历史的张小泉应该有的样子。据了解，张小泉还是我国第一批中华老字号，刀剪行业的中国驰名商标。

所有的经历都是财富。一把不足百元的菜刀引起轩然大波，给品牌带来伤害，类似的问题，不光出在张小泉身上。立足实际，给商家提三点建议：

一是"和气生财"大有学问。面对投诉或情况反映，要多从常识、情理角度考虑消费者诉求，只要不是恶意投诉或故意占便宜，就应尽量满足消费者诉求，没必要争个"皂白分明"。赢了"面子"，输了"里子"，得不偿失。

二是到什么山唱什么歌。不同的刀有不同的功能，那是西方人的习惯。多数国人，仍习惯"一把菜刀走天下"，顶多是一把刀切菜、一把刀切肉。消费者的习惯可以引导，但引导成功之前，最好还是"尊重习惯"为妙。

三是全员营销意识。不要以为营销只是营销人员才干的事，从前端的研发，到末端的客服，都应有营销意识。少了其中任何一环，都是短板，都要吃亏。

很多时候，打败自己的，貌似是对手，其实是自己。历史的教训值得警醒，绝不能再犯"后人哀之而不鉴之"的老毛病。

月饼"瘦身"，气象更新

离中秋节越来越近了，各式月饼也开始在商超上架。

目前，从各地反馈的情况看，今年的月饼市场跟往年有所不同——过度包装、"天价"月饼基本不见了踪影。

月饼是用来吃的，过度包装等现象既偏离了食品的本源，又增加了老百姓的负担，也不符合"厉行节约、反对浪费"的社会风尚，社会关注、百姓关心。

今年月饼市场出现如此令人可喜的变化，主要得益于各部门对过度包装等问题的共同治理，社会各界的积极参与和大力支持。

2022年5月，市场监管总局（国家标准化管理委员会）批准《限制商品过度包装要求 食品和化妆品》（GB 23350—2021）国家标准第1号修改单，自2022年8月15日起实施。其中规定，减少包装层数，月饼的包装层数最多不超过三层；降低包装成本，包装材料不得使用贵金属和红木材料；严格混装要求，月饼不应与其他产品混装。6月，国家发展改革委、工业和信息化部、商务部、市场监管总局发布《关于遏制"天价"月饼、促进行业健康发展的公告》，再打"预防针"。8月，各地各部门就这一问题各出"高招儿"督促落实，各生产企业和电商平台纷纷响应。

各方共同努力，使今年的月饼有了新"变化"。一是包装更简易。综合近期各地的检查情况和相关新闻报道，截至目前，商超上架的月饼包装均为"瘦身版"，未发现过度包装现象。二是价格更"亲民"。从各地情况看，100—300元的月饼占了绝大多数，某知名电商平台销售的月饼最高价为499元。

三是观念更新、风气更正。过度包装的"天价"月饼，历来都是老百姓不赞成的，礼尚往来的"礼物"越来越"高档"，实属"被绑架"的无奈之举。如今，国家有引导，治理有措施，行业企业有响应，反对奢靡、绿色消费等良好风尚深入人心。四是党风政风更清正清朗。党的十八大以来，中央多次强调，坚决刹住中秋国庆期间公款送礼等不正之风，畅通"四风"问题监督举报渠道；各地区各部门紧紧扭住纠正"四风"不放，严查用公款送月饼送节礼等行为，一批利用直播平台、电商平台、快递平台送礼等"四风"案件被查处。如今，一些地方的纪检监察机关已提前制定方案，对以往查到的节日腐败问题整改情况进行"回头看"，狠抓节日"四风"苗头及其隐形变异问题，驰而不息纠治"四风"。有理由相信，今年的节日更加风清气正。

月饼的"面子"变了，但文化传承的内涵却没变。月饼象征团圆和幸福，中秋节吃月饼，是传统文化传承的需要，也是幸福生活的体现。现在的月饼，花样和口味更加丰富，品质更加上乘，老百姓的选择更加多样化，浓浓的乡愁里饱含对更加美好生活的祝福与期待。

对过度包装和"天价"月饼的治理，并不是小题大做。它关乎人民群众的幸福感、获得感，关乎社会风气的文明向上，也关乎每个人对国家未来发展更好、更美的坚定信心和为之而努力、而奋斗的坚强决心。

从月饼"瘦身"的立竿见影，我们看到的是一个百年大党的使命担当，一个泱泱大国的气象更新。

门当户对才相安

近来，越来越感觉"门当户对"很有道理。小到婚姻家庭，大到社会生活，似乎皆是如此。各方面差距比较大的两个人走到一起，想拥有"从此，他们过上了幸福的生活"这样的结局，一般只存在于童话里。广告界，也是如此。明明是中低端品牌，偏偏去攀明星大腕儿，最后落得花钱买搓火，又能怪谁呢？

前些年，笔者跟广告圈的一些"大佬"有过交往，知道一些"内幕"。有一次，当年很热门的一个广告营销界"大师"说，某个"八线品牌"想让他给出出主意。这个"大师"一脸鄙夷，冷笑着跟我说："企业都快砸锅卖铁了，可是他们愿意啊，我也没办法。"时隔多年，让我记忆犹新的并不是后来那个"八线品牌"真的砸了锅，而是"大师"那一脸的鄙夷。

是"八线品牌"不应该找"大师"，还是"大师"不应该鄙视"八线品牌"？别管结论如何，反正，这就是活生生的社会现实。

吉利，中国汽车自主品牌里的佼佼者，近年来上升势头迅猛。尽管如此，还是不得不承认，跟一线品牌相比，吉利进步的空间很大。为了提升品牌影响力，吉利"联姻"了某泳坛名将。但老百姓注意到，这位名将的座驾为价格昂贵的宾利欧陆GT。十几万元的吉利博瑞，岂是世界冠军眼里的菜？

国产手机品牌代言人，被媒体抓拍时，总是手持苹果手机；代言某皮鞋品牌，脚上穿的却是另一种奢侈品牌……这种现象，在我们的生活中似乎并不少见。给人的感觉就是：此处，人傻，钱多，快来！不知被代言的品牌作何感想。

我们不能苛求代言绿茶的，平时就不能喝红茶。但作为卖茶的，为什么非要让一个喜欢喝红茶的人，去代言绿茶呢？那个把"必须为北京大学或清华大学硕士毕业生"作为征婚标准之一的凤姐，不知如今是不是如愿以偿了。

要我说，品牌代言这事儿，门当户对，两下皆可相安。世间事，大抵如此。

从管好"一根油条"做起

油条，是很多消费者喜爱的传统早点。关于油条的卫生与安全话题，也一直为百姓所关心。

从笔者接触情况看，多数人认为，油条的安全隐患在于它是"油炸食品"，可并不知道还有"铝残留量超标"这回事儿。其实，油条检测"铝残留量超标"的新闻并不鲜见，有的油条生产经营者还因此被判刑。据报道，铝主要是在制作油条、油饼过程中通过添加明矾引入的。明矾是一种食品添加剂，制作粉条、粉丝时添加明矾，可让成品更加筋道，油条和油饼在炸制过程中添加明矾可以使成品外型更大。铝残留量超标的原因可能是生产经营者超量使用食品添加剂。

几年之前，就有基层监管人员对如何有效监管路边的早餐摊点感到困惑。单就油条的食品安全问题，笔者认为，应该分三步走。

加大宣传培训力度和精准度，让生产经营者广为知晓。在被查处的案例中，不少生产经营者表示，他们根本不知道使用明矾可能导致"铝残留量超标"。这就暴露出政府相关部门在宣传培训工作方面的不足。有问题不可怕，可怕的是不知道问题出在哪儿。由此看来，继续进一步加大宣传培训力度和精准度，应该是管好"一根油条"的第一步。

切实落实生产经营者主体责任，引导生产经营者进一步强化食品安全第一责任人的意识。一般来说，有一定规模的食品生产经营主体普遍具有较强的食品安全第一责任人意识，但制售油条这类食品的店面和摊点，就不那么理想，即使有责任意识，也多是停留在"吃不坏肚子就行"的阶段。政府和监管部门有必要通过以案说法、知识考核等形式，引导生产经营者落实质量安全管理责任，确保产品符合食品安全标准。这是第二步。

加大监管力度，着力解决生产过程中不合规、非法添加、超范围超量使用食品添加剂等问题。早餐店和路边早餐摊点，不少都在炸油条。为了保证人民群众的健康，监管部门有必要、有责任进一步加大监管力度，常检查、常提醒，避免养"小患"成"大患"。这是第三步。

一根油条，实在不算大事，但建设安全放心的消费环境，正是从许许多多的此类小事中开始的。让人吃得放心，就从眼前开始吧。

增正气

正气，不是正襟危坐，不是不苟言笑，不是端架子、摆威风。

正气在为人处世中，在学习、工作的一举手、一投足间。

心正，则气正，则身正，则行正，则果正。

新春如何走基层

做新闻工作的人，对"新春走基层"都不陌生。但是，年年"新春走基层"，到底该"走"些啥？

对此，有些承担"新春走基层"任务的编辑、记者或通信员，甚至还没有开始"走基层"，就产生了"能有啥新东西可写"的疑问。

还没有上路，你咋知道路上没有风景？

日子天天过，每天都不同。尤其春节期间，大家回乡的回乡，团聚的团聚，是个梳理一年得失的好时机；即使坚守岗位、不能与家人一起过节的，也都有一大堆故事。可以说，此时正是"出新闻"的好时候。

比较法。正如2018年开展的庆祝改革开放40周年报道，新闻工作者最常用的手法，就是通过人们生产、生活40年来的变化，看我国改革开放40年来取得的显著成就。带着这个思路"走基层"，也比较容易抓到"活鱼"。亲戚朋友办理营业执照从慢到快，人们回乡从大包小包带年货到人还未回快递的年货已到家，家门口的小饭店从传统方式转变为明厨亮灶，村子里、大街上停满了小轿车……都是身边再普通不过的事。把这些平常小事儿放到时间的坐标上看看，就会发现其中有不少竟是上一年还没有的新鲜事儿。

观察法。社会一直在进步，社会的进步反映在哪些方面呢？市场、市容市貌、村容村貌乃至人们的言谈举止，方方面面都能映射社会的兴衰。马路更宽了，街道更干净了，市场更繁荣了，就连农村的大集也和以前不一样了……这些都是变化，都是进步，也都值得写上一笔。

神侃法。逢年过节，亲朋好友总要相聚，寒暄过后的聊天是必须的。如果酒菜摆上桌，神侃的话题更是多得数不清。啥菜？啥酒？一年下来大家都有什么变化和收获？这些，都是眼前的事儿、嘴边儿的事儿。我就不信，这里面一个新闻点都没有，除非你审美疲劳。谁的生活都不会十全十美，但只要努力工作、踏实生活，美好总会越来越近。

大过节的，不好意思骚扰人家，也是一些承担采访任务同志的正常想法。其实，"新春走基层"，不光指过年前后那几天，大可把时间界限放长些，千万不要被人为的时间节点拘住了手脚。

所以，谁若说"新春走基层"没啥可写的，我不信；如果说是自己懒，懒得想、懒得看、懒得走、懒得写，我倒是信，甚至"心有戚戚焉"。因为，我也想在假期里好好休息下。

对此，也有一法。在假期之后的"新春"再"走基层"好了，看看各行各业的"新年新气象"，倒也不错。

"金字招牌"也应勤拂拭

在年终总结报告中，不少人喜欢在总结成绩之后加上一句话——"成绩属于过去"。话虽这么说，人们更希望成绩不仅属于过去，还属于未来。但不确定性是这个世界的常态。不知道珍惜荣誉和成绩，躺在功劳簿上睡大觉，只能是"人在睡，床在看"，从此远离功与名。

前不久，一批"山东老字号"企业就尝到了这样的滋味。

2019年的最后一天，山东省商务厅官网公示了一份文件，即《山东省商务厅关于公布前三批"山东老字号"动态管理考核结果的通知》，根据动态管理考核结果，12家企业被取消"山东老字号"称号。此外，还有10家企业被给予黄牌警告，3家企业被暂停"山东老字号"称号。

能者上庸者下，能上就能下，是一种非常公平的竞争机制。一项荣誉、一个称号，就吃一辈子，只能是一厢情愿。山东的部分"老字号"企业被取消或暂停称号，原因虽涉及商标、经营等各方面，但疏于管理是其中的共性。

社会各项治理机制越来越健全，被拿掉相关荣誉称号的，近年来并不罕见。这也让公众切身感受到公平、正义正成为这个越来越美好的社会的常态。

2019年初，因为过期蜂蜜问题，百年老店同仁堂的"中国质量奖"称号被撤销，证书和奖杯也被一并收回。相比上千万元的罚款和数千万元的营收损失，痛失"中国质量奖"，无疑是对同仁堂沉重的打击。套用前些年很流行的一段话——"曾经有一份很高的荣誉摆在他的面前，他没有珍惜。等到失去的时候，才追悔莫及。人世间最痛苦的事情莫过于此。"但上天又真的给过谁"月光宝盒"呢？只能是痛定思痛、从头再来了。

称号被撤销，并非有关部门一时兴起，而是依法依规办事。前段时间鸿茅药酒相关"荣誉称号"的被撤，则更是民心所向。

无论当事企业，还是其他企业，其实更应该从类似事件中吸取教训：荣誉称号是"金字招牌"，但久不拂拭、维护，"金字"也会黯然失色。正所谓"时时勤拂拭，勿使惹尘埃"。期待更多企业像珍惜自己的眼睛一样珍惜荣誉，在越来越好的营商环境中创造更多的社会、经济和文化价值，真正擦亮自己的"金字招牌"。

谈官员直播带货新风尚

　　"大吉大利，今晚吃鸡"曾是非常火爆的网络流行语。这句话正火的时候，2020年初，山东省商河县"80后"博士副县长王帅，因为"吃鸡"成了网红。只不过，他的"吃鸡"不是玩游戏，而是在网上直播，推介当地的特色产品——扒鸡。

　　"Amazing！偶买噶！买它！"李佳琦式的带货语言，让这名负责商贸经济工作的副县长收获大量粉丝。都说官员不苟言笑，但这名副县长卖起当地特色产品，咋就这么充满喜感呢？出色的演技，令人感觉奥斯卡都欠他一个"小金人儿"。

　　近年来，为了推动地方经济发展，各地官员拼了。

　　前些年，甘肃省天水市副市长带队到广州街头推销苹果，安徽省界首市副市长带队在合肥市步行街推销萝卜，山西省吉县委书记和县长到太原火车站附近卖苹果……网络经济大行其道后，一些官员瞄上了直播。2019年4月24日晚，阿里巴巴在北京举行"2019脱贫攻坚公益直播盛典"，来自内蒙古自治区、河北、新疆维吾尔自治区、青海等地的14个贫困县的干部现场直播，推介家乡特色农产品。3个多小时的直播，吸引了超千万名网友，带动贫困县销售农产品逾10万件，销售额300多万元，平均每分钟卖出农产品超1.6万元。可以说，官员带货的广告效应，不亚于网红。

　　2020年是全面建成小康社会和"十三五"规划收官之年。如何让人民群众有更多获得感、幸福感、安全感？钱袋子鼓起来，群众才能真正乐起来，因此做好经济工作十分重要。放下架子，为家乡特产直播带货，必须要为这些勇于走进直播间的官员点赞。

值得思考的是，一般官员走上街头或上网吆喝叫卖的，基本上是农产品。直播卖货效果再好，也离不开实体农业产业的支撑，因此，不妨线上、线下两条腿走路。一方面，积极开辟网上直播等新路子，扩大影响力；另一方面，更要积极构建现代农业产业体系，深入研判市场需求，充分发挥农户、经纪人、市场等作用，最终把"种得好"变成"卖得好"。

为时刻把人民利益放在心头的官员点赞，也热切期盼他们能有更多、更好的办法带动当地经济发展，让全国人民一同奔小康。

不妨把"庆功会"办成"思辨场"

逢年过节庆生，都是说"吉利话"的场合。但长城汽车偏不这样，在企业30年庆典的时候，董事长不仅没说"吉利话"，还说了些"命悬一线"之类带有深深危机感的"大实话"。

2020年7月中旬，长城汽车发布造车30年感悟特别电影，为而立之年庆生。在这部时长3分钟的特别电影中，长城汽车董事长魏建军用"反思"代替"庆祝"，用"危机"代替"成就"，用"命悬一线"代替"前途无量"，发起一场关乎生死的思辨。

30年前，它是偏居一隅的地方小厂；如今，已连续4年年销百万辆车，总资产逾千亿元。凭业绩，它完全有资格浓墨重彩地述说自己的光辉历程，沉浸在巨大的成功中，但这家企业像一个"不会说话的人"，在本该"庆功"的时候，说了一些常规意义上"不合时宜"的话。

"未来会怎样？依我看，命悬一线。""过分依赖于前30年，长城汽车挺得过明年吗？""在企业命悬一线的时候，把自己的命，也悬在上面。"用诸如此类的话评价自己，至少在国内企业实属少见。类似的词句，如果出现在孩子的生日宴上，想必在场的老人会涨红了脸，大叫"不成体统"，甚至拍案而起拂袖而去。

其实，那些"吉利话"除祝福的意义之外，并无大用。相反，着眼未来的有思辨性质的真话、实话，才弥足珍贵。明朝时，大太监刘瑾乱政，官员们纷纷上书弹劾，但多被关进诏狱，其他大臣噤若寒蝉。此时，王阳明站出来，据理力争。对此，王阳明的解释是：大家集体上书的时候，多我一个不多；但此时，少我一个便少了。

同样，锦上添花，多一个人不多；但雪中送炭，少一个人便少了。与其宣扬过去多辉煌，不如保持清醒头脑更实在、更有用。和总结成就比起来，认清面临的挑战和危机无疑更为重要。如此，辉煌成果才能"传之来叶，贻厥孙谋"。

"没有退路，才见出路"，这样的金句，怎能不让每一个正在努力奋斗的人与之形成精神共鸣？英雄爱好汉，对于这样有危机感和奋斗精神的企业，难怪众多消费者表示"果断爱了"。

居安思危，不仅是意识和思维方式，更是胸怀和自信。这样的人或企业越来越多，我们的前途和命运才能越来越好。"未来会怎样？让我们，一起来看看！"我相信，这话，只有勇者，才敢这么说。

花香蝶自来

抓蝴蝶，是一件难事。但如果种上几株鲜花，待那花盛开，蝴蝶自会蹁跹而至。此所谓"梧高凤必至，花香蝶自来"。

2020年12月，有消息说，有着"营销界奥斯卡"之称的艾菲奖举行颁奖仪式，荣耀凭借优秀的品牌力，成功斩获大中华区艾菲奖第一名。对此，有网友调侃道，10个月前，荣耀CEO赵明还说"自己不善于营销，只专注产品"，10个月后就获得全球广告营销风向标艾菲奖，"这个进步实在太神速了"。

其实，赵明说的也没错。专注产品才能生产出好的产品，好产品自然能赢得消费者的青睐；不善营销，不等于营销做得不好。反之，近年来有的产品营销做得很好，可产品本身品质一般，全靠广告营销手段，因此只是"昙花一现"，并没有真正赢得市场。比如，某个广告营销大师打造的"××佳""××星""××茶"……

市场是最好的评判。事实证明，一直关注用户需求的荣耀品牌，"只专注产品"路子是对的。专注才专业，产品之外其他诸如广告、营销之类的事，可以交给更加专业的公司去做。专业的人，做专业的事，才更容易成事。

据说，在华为和荣耀分割之初，华为曾召开送别会。谈到荣耀未来的发展之时，任正非鼓励荣耀不要和华为"藕断丝连"，而要做华为最强的竞争对手。为自己培养对手，希望对手越来越强劲，不能不说华为心胸之广、格局之大，非一般人可比。

"荣耀的目标是成为国内市场第一名"，这是赵明前不久在一场员工沟通会上为荣耀确定下的目标。荣耀有此雄心壮志，令人佩服。

就像奔驰与宝马，麦当劳与肯德基，可口可乐与百事可乐，似乎是对手、冤家，但又永远是催促、迫使对方不断前进的强大动力。

一个人，最强大的敌人往往不是竞争对手，而是自己安于现状、不思进取的心。因此，竞争者和对手不是敌人，而是进取之路上的朋友、伙伴。也正因为如此，我们渴望华为一直伟大，盼望荣耀明天更美好，同时，也愿每个人都有自己强有力的竞争者。

一个人，一家企业，最重要的就是把自己擅长的事做到极致。

《霍光传》不可不读

随着直播带货走红，众多基金公司也不甘寂寞，纷纷在网上组建直播团队，开直播间，甚至有基金主播大秀唱歌、古筝表演等才艺，吸引客户，大有立志做金融领域的"薇娅""李佳琦"的势头。基金吸引客户的娱乐化倾向越来越明显。

2021年3月，基金行业再次"出圈儿"，网传某知名电视栏目将邀请几名明星基金经理录制节目，引发网民热议。对此，中国基金业协会发布倡议，明确要求严禁娱乐化，不得与国家相关精神、社会公序良俗相悖，各机构不得开展、参与娱乐性质的相关活动。

为什么娱乐化宣传倾向越来越明显？在近年来"跑步入场"的新基民中，"90后"是主要群体。因此，也成为基金公司开展线上宣传和娱乐化宣传的重点对象。基金公司宣传品牌，针对的是年龄稍长的基民，因为他们相对更理性。对于年轻人，品牌宣传不如网络直播和娱乐化宣传更"短平快"，基金公司又何乐而不为呢？

投资基金是为了赚钱，但"神化"某些"业绩好"的基金经理并不可取。被称为"公募一哥"的某基金经理，因为产品大跌，昵称"坤坤"秒变"坤狗"。同样业绩不俗的基金经理蔡嵩松，干脆直言，"希望大家别赚了钱叫我蔡总，亏了钱叫我菜狗"。"投资有风险"这句朴实无华的善意提醒，任何时候都不过时。

金融领域不能娱乐化跟风。网络直播和娱乐化营销的卖货，在很大程度上靠的是消费者的"消费冲动"。买了网络直播产品不满意可以退货、退款，但买基金可以退吗？基金从业人员是"受人之托、代人理财"，理性专业，勤勉尽责，严格自律，珍视社会公众和投资者的信任，无疑是更应该考虑的事。

行文至此，讲一个故事吧，或许对梦想"一投永逸"的基民和走网红路线的基金从业人员有用。

北宋时期，名臣张咏得知寇准做了宰相，便对身边的人说，寇准是个不可多得的人才，但在学问上还有欠缺。一次，寇准宴请张咏，分别时送出很远，并虚心请教。张咏想了想，对寇准说："《霍光传》不可不读啊。"寇准不知其意，回去忙取《霍光传》来看，读到对霍光的评价"不学无术"四字时，才恍然大悟，哈哈大笑说："张公原来是说我这个。"

"不学"就"无术"，不专业就误人害己，但愿大家都能明白。

谁需要重新做人

为了获取流量，一些商家不择手段的"神操作"正刷新着人们的三观。他们的逻辑是，既然不能让大家赞扬，那就让人们来指责好了，只要有人肯来"围观"就好。

"不能流芳百世，那就遗臭万年"，这叫什么逻辑？恐怕只能用孟子的"无耻之耻，无耻矣"来解释了。

2021年7月31日，吴亦凡涉嫌违法犯罪被刑拘，成为网民热议的焦点。哪吒汽车不失时机蹭热点。其品牌中心管理群的14人微信群中，一个名叫彭钢的成员脑洞大开，跟大家商量官宣请吴亦凡做代言人，理由是"坏人也需要机会""哪吒精神就是给所有人重新做人的机会"。至于后果，他说："大不了，回头官方道歉开除相关人员。"

很快，要锤得锤，哪吒汽车宣布开除市场负责人彭钢以及相关人员。

彭钢和彭钢们的愿望终于实现了——上了热搜，全网声讨——哪吒汽车声名大噪，只不过是个不怎么好的声与名。

细心的网友发现，从引发事件的截屏生成到哪吒汽车发布声明，前后仅间隔一个半小时左右。真的是企业危机公关的速度快、效率高，还是企业自导自演"苦肉计"？同时，联想到2019年5月哪吒汽车的"国旗涂字"的事件，网友们提出如此疑问似乎也有一定的合理性。当然，两年前的事件，以"对涉事经销商严肃处理"而告终。

无心之错，从情理上可以谅解；有心之错，则纯属明知故犯，挑战法律和道德底线。商业，除法律法规的强制约束外，还有商业道德、社会道德的软约束。自古以来，无论商界大亨，还是走街小贩，"童叟无欺"都是生意人恪守的最简单、最基本的商业信条。

每个人的进步，都依赖反思、改进和提高。下决心自以为是且不改的人，从来不会如此。即便反思，思来想去所见的，也总是别人的不是。

哪吒精神是舍生取义、为民除害，而不是其他。建议看不懂哪吒故事的人，好好看一出京剧《除三害》，或好好读下《晋书·周处传》，看周处是怎样除掉南山猛虎、西汜蛟龙，并改过自新除掉"三害"的。

谁需要重新做人，此时就有必要问一问了。该怎样重新做人，也该好好思考一下了。包括《哪吒闹海》故事在内的中国经典文化是个大宝藏，里面有许多好东西，多读读有好处。但不带脑子，不行。

特色劳务品牌推动乡村振兴

2021年8月中旬,听山东农村老家的堂弟说,他最近参加了个免费的专业技能培训班,收获很大,今后在家门口就可以就业了。说实话,听到这消息,笔者仿佛看到一幅乡村振兴的壮丽画卷,老家人今后的日子更有奔头儿了。

这样的好事,不只山东有。近来,各地纷纷出台措施加强就业帮扶,巩固拓展脱贫攻坚成果,为推进乡村振兴提供有力支撑。

前不久,河北省出台意见,提高组织化程度,推进劳务输出,健全有组织劳务输出工作机制,将脱贫人口作为优先保障对象,为有集中外出务工需求的劳动者提供便利出行服务。甘肃省围绕实施乡村人才振兴计划,持续做好新生代农民职业技能培训,开展"嵌入式""订单式""定向式"培训,大力培育"兰州拉面师""陇原妹"等劳务品牌升级版。经严格规范的申报、审核和评审程序,四川省农民工工作领导小组公布该省首批"川字号"特色劳务品牌名单,成都市浣花女、金堂焊工、华蓥建工等20个品牌榜上有名。

山西的"吕梁山护工"、四川的"雅州茶师"、河南的"林州建筑"……这些响当当的品牌,如今已具有巨大的广告和品牌效应,成为用工单位的香饽饽。张书利在济南开了一家小饭店。今年年初,由于人手不够,他想招聘一个厨师。看到有个宁夏吴忠的厨师来应聘,他二话没说当场就跟师傅签了约。他说,宁夏的"吴忠厨师"品牌有名气,不用考察他也放心。

比起打零工,经过职业技能培训的劳动力,无疑更具市场竞争力。尤其在广大的农村地区，人们脱贫之后怎样能生活得更好，不仅仅是农民自己的事，也是各级党和政府高度重视的民生大事。2020年12月，党中央、国务院出台意见，明确搭建用工信息平台，培育区域劳务品牌，加大脱贫人口有组织劳务输出力度，促进脱贫人口稳定就业，巩固拓展脱贫攻坚成果同乡村振兴有效衔接。

培育区域劳务品牌，作为乡村振兴的措施之一，目前正在"路上"，且在有的地方已初显成效。

脱贫摘帽是新生活、新奋斗的起点。在巩固拓展脱贫攻坚成果的基础上，做好乡村振兴这篇"大文章"，接续推进脱贫地区发展和群众生活改善，还有待于我们想出更多办法、进行更多实践。打造具有地方特色的劳务品牌，只是其中的重要"一招儿"。

越来越多地方特色劳务品牌的涌现，提高了人们的职业技能和综合素质，包括脱贫群众在内的广大人民也正在过上更加美好的生活，我们无疑也离逐步实现全体人民共同富裕的目标越来越近。这彰显的，是党的根本宗旨和我国社会主义制度的巨大优势。

正能量自带"流量"

挖掘机技术哪家强，中国山东找蓝翔，这句魔性、洗脑、土味儿老派的广告语，相信大家都不陌生。这句洗脑金句哪家强，后来被才华横溢的网友硬生生玩成了超级梗王，或被演绎成能适应若干不同场景的段子，在社会公众中一骑绝尘，成为识别度较高的品牌。

2021年，蓝翔却变了，变得潮味儿走心文艺范儿，充满了奋斗、积极、向上的正能量。在两支广告片中，蓝翔摒弃了重复式广告语和连珠炮洗脑式专业课程介绍，通过讲述学员的成长故事，突出一门手艺，是一个人的修行这个时代，不会辜负每一个拼搏的人的主题，引起受众共鸣。此广告片一出，广告界和受众惊呼一片：这还是那个蓝翔吗？

两支广告片，引起一片小波澜，带动一波大流量，为什么？不仅仅是因为它脱胎换骨般的变化，更重要的还是它宣扬的向上精神真正让受众入脑、入心。大家都是普通人，人生经历不同，但有着共同的感悟奋斗不负人。广告片中，与命运抗争的厨师大姐、不认输不低头的美发店主，貌似都有我们曾经奋斗或正在奋斗的影子。

相对那些靠三俗哗众取宠带流量的营销手段和广告宣传，蓝翔类广告无疑正确且具美感、力量感和渗透力。二者相比，云泥之别。

广告是经济的前沿，无潮不广告，但关键得搞清楚什么是潮。哗众取宠、自我作贱、抖机灵、耍花腔，不是潮，而是装傻充愣，媚俗讨好。真正的潮，在不同时代有不同含义。改革开放初期，下海万元户是潮，它是解放思想放飞自我的象征；20世纪90年代，言必称互联网是潮，它是新科技应用的代名词；新时代，创业创新是潮，抗疫精神是潮，它是我们实现中华民族伟大复兴中国梦的坚实脚步。那些靠贬低女性博眼球、胡吃海塞搞吃播等广告营销手段，表面上看，是为了表现自己的潮，实则暴露了自己的无趣和无知，最终落得个画虎不成反类犬，刻鹄不成尚类鹜，止增笑耳。

再好的社会环境，也有人以丑为美，好在正能量永不缺席。自古至今，努力、拼搏、奋斗、不向命运低头都是主旋律，这也是社会之所以一直进步、越来越美好的巨大推动力。正常人需要正能量，正能量因此会自带流量。那些妄图靠三俗带动流量的人，不知道睡醒了没有？装睡，是谁都叫不醒的。

做强"小吃"需要"大格局"

2021年11月，一碗胡辣汤，让人们记住了"逍遥镇"；一个肉夹馍，让"潼关"名声大噪。有人说："要不是因为胡辣汤，还真不知道有个'逍遥镇'。"这就是信息时代广告传播的巨大作用。

这碗胡辣汤和这个肉夹馍是怎么回事呢？当时，不少经营十几年"逍遥镇胡辣汤"的商贩，突然被河南省西华县胡辣汤协会起诉侵犯"逍遥镇"商标专用权。陕西的潼关肉夹馍协会，也将使用"潼关"俩字的肉夹馍商户告上法庭要求赔偿。

民以食为天，这两起商标纠纷引发媒体广泛关注，一时间舆论沸腾，各种说法此起彼伏。潼关肉夹馍协会后来发布致歉信，国家知识产权局也及时表态，对其中的商标问题作出分析，但由此事件引发的思考和讨论仍在发酵。

这两件事的核心，貌似是商标问题，其实往根儿上找，是地方特色小吃这个产业的品牌发展问题和民生问题。一个地方要发展，就要有品牌、有产业；有了品牌和产业，就想着把它做强做大。这一直是近年来各级政府高度重视的大问题。

拜先人所赐，诸如"逍遥镇""潼关"等一些历史悠久的地方，地方小吃、地方特产等成为老祖宗给后人留下的宝贵财富。既然是"财富"，就必须继承好，还要发展好。正如前几天国家知识产权局相关人士答记者问时所说："既要依法保护知识产权，又要防止知识产权滥用。"那么，具体应该怎么做呢？

在相近的时间、相同的领域，山东"单县羊肉汤"的一则新闻颇有看头。

在地域性特色小吃的商标保护与品牌产业发展方面，单县副县长表示，注册"单县羊肉汤"商标是为了更好地保护这个品牌，让它走得更远，并不是为了把这个品牌放到自己的篮子里，不让别人去动这块蛋糕。只要符合标准，都可以申请使用这件商标。单县不经意间为当地小吃打了个效果极好却不花钱的"广告"，也让受众看到政府"为民办实事"的诚意。

目前，"逍遥镇"和"潼关肉夹馍"引发的争议余波未尽，越来越多的人在思考如何推动特色小吃行业发展更加规范。这也是这两起纠纷的意义所在：口诛笔伐、揪住不放，无益；有事说事，有问题解决问题，才有建设性。

沙县小吃、单县羊肉汤，都有其已经成功或正在成功的经验。除产业规模化、加工标准化、经营品牌化、产业智慧化之外，也需要政府合理的规划和引导。在这方面，市场监管部门大有可为，也应主动作为。

不妨@更多"张同学"

2021年12月，在短视频平台上红得发紫的"张同学"，又火了一把——先后被中国消防和辽宁交警点名提醒。

起床、做饭、喂狗、养鸡……这个被网友称为"粗糙版李子柒"的辽宁营口农村青年，凭借拍摄、上传农村情景剧，戳中广大网友的心。据说，"张同学"目前的粉丝量已突破1400万。

一个发视频的，跟消防和交警有何相干？原来，在"张同学"的视频中，有个插线板多处贴着胶布，个别地方还被烧黑。对此，中国消防提醒，插线板已经"超龄"，有起火和触电的双重危险，应立即停止使用。在另一条视频中，"张同学"用三轮车载着三五好友，开心地遛街打球，又被交警叔叔提醒：农用三轮车不得载人。

对此，广大网友赞扬现在的执法部门"越来越接地气"了，普法方式不再"冷冰冰""硬邦邦"，而是随着社会公众关注的热点"适时出现""融入剧情"，比导演好的更真实、更自然。大家普遍表示，这样亲民的普法、提醒，不妨再多一点儿。

公职人员在社会公众中的形象历来权威、严肃。这种严肃、认真劲儿，用在工作当中很有必要。但同普通群众打交道，就不能再一副不苟言笑的样子，而要能俯得下身子、耐得住性子，进得田头、坐得床头，说得百姓话、体得百姓情。只有这样，群众才认可，才服气，才拥护；也只有这样，才真正符合党和政府的要求，真正是为党和人民办实事、办好事。

"硬宣教"没人愿听，无人爱看。对社会公众的宣传、教育、引导方式，除拉横幅、发传单外，还有多种形式和方式。以"群众喜闻乐见的方式"开展宣教活动，大有学问。各地各部门倡导进企业、进校园、进社区，邀请社会各界人士开展各种体验活动等，都是不错的选择。

宣传形式必须随着社会发展和进步积极开拓新的阵地。针对当下互联网短视频大行其道的实际，"国家反诈中心"App走红抖音短视频平台，通过民警宣讲、网络情景剧、抓捕实录等短视频，深刻揭批典型诈骗手法，引发社会广泛关注。上海警方则在繁华商圈推出"扫码摸狗"活动，扫码下载"国家反诈中心"App，就可以抚摸警犬并合影留念。善于搞笑的网友竟然担心"警犬会不会被摸秃"，这"担心"中，就是认可和接受。

市场监管系统的各种公众开放日，也是如此。孩子们走进实验室，接受科学知识教育和识假辨假常识，在"教"与"乐"中取得良好效果。

只要心里有责任、有群众，@张同学、@李同学，都是搞好宣传教育工作的好渠道。那些"张同学"和"李同学"，也一定乐于被@。

这个广告预算砍得好

2022年2月初，"隔空"参加了一个小范围的同学"聚会"。几个做生意的同学说，他们在喝了几杯后，一致决定，砍掉一部分广告预算费用，补充到以用户为中心的研发中去，目的是为客户提供更高质量的产品以及更加良好的用户体验。听了这话，我很是赞同，遂提议大家端起酒杯，到年底互相"交交账"。

这几个老同学不善饮酒，当时更没有一个喝多的，为什么竟然有了如此想法呢？第二天，我决定一探究竟。

不问不知道，一问吓一跳。其中一个同学说，有个案例对他影响很大。某笔记本电脑高管曾声称其产品"皮实"，当众将笔记本电脑扔到地上，然后弯腰捡起继续使用。乍一看，这种方式会"俘获"部分潜在消费者的心，但结果未必如此。假如非要消费者在"皮实""与手机间不借助网络的文件传输"选项中作出选择，相信更多消费者会选择后者。因为，毕竟笔记本掉到地上的概率非常小，"与手机间不借助网络的文件传输"却方便实用，为消费者提供了不一样的用户体验。

商家究竟应该关心自己关心的，还是应该关心用户关心的，的确是一道貌似简单实则复杂的课题。比如，给农用车装上座椅加热功能，无疑会增加生产成本和销售价格，但又有多少用户肯为这个"听上去很美"的功能买单呢？

有的产品，甚至因为宣称具有某种功能，而让消费者闹出哭笑不得的笑话。某知名品牌手机商宣称产品防水效果良好，有消费者真的就把自己的手机拿到水管下冲洗，结果可想而知。厂商对此解释说，虽然该手机具有防水等级，但都是被动防水，并不是真的不怕水。也正因为如此，手机进水往往不在厂商的保修范围之内。

"笑话"的背后，应该是反思。消费者应该"反思"自己是太实在，还是有点儿"傻"。当然最应该反思的是商家——之所以出现这样的事情，是消费者的操作问题，还是因自己宣传、提示不到位才导致如此结果？因为不好的用户体验，往往会被广泛传播、成倍放大，给产品带来极大伤害。这也是商家最不愿看到的。

对于中小企业来说，当用户体验和广告宣传不可兼顾时，无疑前者更重要。因此，聊过之后，我更加高度赞同那几个同学"砍掉一部分广告预算"的决定。

多年来，我们为数不多的见面，大多围绕"取得了哪些成绩""还存在什么困惑""如何更好地进一步成长"之类的话题展开。这样的聚首方式，恐怕比喝几杯酒、吹几句牛更有意义，也更管用。

广告宣传当字斟句酌

"笔下有财产万千，笔下有毁誉忠奸，笔下有是非曲直，笔下有人命关天。"这句话，媒体工作者都知道。其实，应该知晓这句话分量的，还应包括所有文字工作者，当然也包括广告文案人员。否则，吃罚单、被吐槽、给品牌造成伤害，是迟早的事。

2022年2月媒体报道，小米科技有限责任公司因产品功能表述不准确，违反广告法，被北京市海淀区市场监管局罚款8万元。据报道，当事人销售的小米手环5NFC版产品，宣传页面称支持"24小时睡眠监测"功能。实际上，该功能分为夜间睡眠记录和零星小睡记录，其中，夜间睡眠记录模式不记录小于60分钟的夜间睡眠，零星小睡记录模式不记录白天小于20分钟的零星睡眠。当事人宣传的"24小时睡眠监测"并非随时监测。

不管该款产品推广的文案人员是有意为之，还是无心之错，"表述不准确"，是铁板钉钉的事实，不容置疑。

文字，是一个人或组织、机构准确表达思想和主张的工具。在任何场合，表达就是宣传，广告更是如此。一旦"表达不准确"，轻则丢人现眼，重则"差之毫厘，谬以千里"。

记得前几年，就有广告因"一字之差"而惹了事。郑州有消费者看到某电器公司的广告，花6000多元买了一台"46寸"电视，后来发现该电视是"46吋"，与广告宣称内容不符。经法院判决，某电器公司退款，并赔偿消费者6000多元。无独有偶。某奶粉经销商为了扩大销售量，宣称只要在微信朋友圈连续5天转发"××奶粉最适合中国宝宝的奶粉"的文字及相关图片，即可获得相应奖励。这一个"最"字，因属于"绝对化用语"，被市场监管执法人员找上了门。经查，经销商自己的广告中"最"字为"更"。一字之差，就由合法变成违法，真可谓"一字千金"。

准确、规范的广告语，说其"一字万金"也毫不为过；但如果"表述不准确"、不规范，让广告主和广告发布者付出"一字万金"的代价，也极有可能。

因此，对广告文案字斟句酌，不仅关乎为甲方负责，还关乎自身的业务能力和职业操守，更关乎营造规范有序的市场环境。别认为"市场环境"与你无关，其实它有可能就在你的笔下。

世界上最遥远的距离，是……

　　"明明知道该怎么做，却偏偏做不到"，是不少人"边享受、边自责"的日常真实状态。难怪有人说，世界上最遥远的距离，是"知道"和"做到"之间的距离。

　　现如今，或是为了工作、学习，或是为了追剧、娱乐，不少年轻人都喜欢"熬夜"。就像大家都知道"吸烟有害健康"一样，"熬夜有害健康"的道理也为大家所广泛接受。尽管如此，可吸烟、熬夜的仍大有人在。假如有一款"熬夜水"存在，此产品想必定会受到消费者追捧。

　　人都说，现在商品极大丰富，商家极其敏锐，只有消费者想不到，没有商家做不到。事实果真如此。这不，近日，一款被称为"熬夜水"的植物饮料，突然"火"了起来。

　　这款植物饮料叫"一整根"。据报道，从2022年5月开始，名为"一整根"的熬夜水先后在我国南方一些城市的便利店上架，其最引人注目的就是有一整根人参泡在瓶子里。或许，这也是其之所以叫"一整根"的原因吧。

　　据其在网购平台旗舰店"商品介绍"页面的宣传，"每一根都是精选人参""让你的每一天都元气满满"，配料表中标明"人参"为"5年或5年以下人工种植人参"。此外，"0糖0脂"，也是其卖点之一。

　　"晚睡是现代社会逃不过去的问题之一，工作和社交媒体正在压榨每个人的睡眠时间，如果说功能饮料和咖啡因只是在提前透支精力，还账还是让人痛苦无比。那么一整根植物饮料给你的就是彻底的——UNCONDITIONAL LOVE（无条件的爱，编者注）。"在"商品介绍"页面，如此宣传语到底是什么意思，想必其已自带答案。

据报道，在此之前，也有一些品牌推出过被网友称为"熬夜水"的类似产品，并打着"针对熬夜后的状态修复""草本养生"等口号进行宣传。

对此，媒体采访的行业人士表示，"熬夜这个行为，在本质上就会对身体造成很多伤害，本身不应该提倡"……对此，媒体得出的结论是，"熬夜水"形同安慰剂，熬夜才是真正的健康杀手。

在竞争激烈的饮料市场，差异化的定位和营销都是必要的。其在广告宣传中，只要不违反相关法律法规和社会规范，也无可厚非。只是，对消费者来说，健康是自己的，习惯也是自己的。健康良好的生活习惯，抵得过任何"灵丹妙药"。与其猛灌"熬夜水"，不如早点儿睡。

知道"××有害健康"，就别"××"了。要我说，那个"世界上最遥远的距离"，其实也是"世界上最近的距离"，关键在于我们的选择和行动力。

"张三多"，竟然是"爹多妈多儿女多"

北京街头的一些公交站台，2022年5月张贴了巨幅公益广告，画面中，一名红十字会志愿者笑盈盈地贴近老人的耳朵在说话。

据报道，这是红十字国际委员会(ICRC)联合红十字会与红新月会国际联合会(IFRC)、中国红十字总会发起的系列宣传活动。公益广告中的志愿者，是张菊。

张菊是谁？

张菊的老家在河南周口太康，我国首部关注志愿者题材电影《为了谁》的原型，就是张菊。现在，她是郑州市金水区红十字会孝慈志愿者服务大队队长，已倾心公益事业26年。这么多年来，张菊一直走在扶老、助残、救孤、济困、寻亲、助学、赈灾的公益之路上。

这些年，张菊获得了不少荣誉，可她认为自己才是"受益人"。她说，她有"三多"——"爹多妈多儿女多""到哪儿都有家"。

付出了，还说自己是"受益人"，真的吗？

真的。这个，我信。

我的身边，也有一些爱心人士。组织为山区的孩子送衣服、捐助相对贫困孩子的学业、不定期去养老机构做志愿者……都是他们经常做的事。这些人，有一个共同的特点：不为名，更不为利（实际上也没什么利），只是为了"自己心里舒服"。

论说，"自己心里舒服"，本该是件"简单得不能再简单"的事。可经历不同、际遇不同、认识不同，"自己心里舒服"，却成了一些人的"奢侈品"。

收入不理想，愁；单位环境不好，恨；子女教育操心，烦；看张三李四不顺眼，无奈……反正，怎么都是"心里不舒服"。高度怀疑，"人生不如意者十有八九"，是专门送给这些人的。

那些总是乐呵呵的爱心人士，就事事如意吗？并非如此。老人的事、孩子的事、家庭的事，他们一点儿不比别人少。只是，他们懂接受、知进退、晓情理，边顺应，边战斗，边改变。

比如，都说现在的年轻人喜欢"躺平"，但又有谁见过他们真的"躺平"了呢？他们往往一边喊"躺平"，一边在努力。"躺平"对他们来说，只是他们遇到压力后口头的释放与玩笑。只要他们"自己心里舒服"，瞎喊几句"躺平"，又有什么关系呢？反正他们不舍、不敢、更不会真的"躺平"。

一个人做点儿好事并不难，难的是一辈子做好事。好事，不应该是单向的，必须是双向的——你受益，我愿意。"求回报"的"好事"，不健康，也不会长久。

"张三多"做了很多好事，我相信她说的自己也是"受益人"是真诚的，因为她收获了快乐——无边的快乐。那快乐，无关物质与荣誉，只关乎内心。

"割青麦做饲料"，事出反常必有妖

2022年5月初，"割青麦做饲料"短视频在视频平台大量流传。这些视频显示，在河南、山东、河北等地，有人收购正在灌浆期的小麦用于"青贮"，目的是给牛、羊等做饲料，每亩的价格在1500—1800元不等。

看着绿油油的小麦在收割机的轰鸣声中被收割、打成卷，着实让人心疼。

视频中的"农民"算了一笔账，小麦成熟后，按高产计算，每亩的收入约1400多元。相比之下，每亩至少1500元的价格，既能规避减产风险，又不用掏收割费，的确有诱惑力。

往年没有的事，今年为什么在视频平台就"发生"了呢？

对于"青麦做饲料"，有行业人士和养殖户表示，此事"有点儿反常"。核心的一点是，成本太高，不划算。

既然如此，"割青麦"是不是普遍现象呢？笔者询问了山东的亲戚，得到的答复是，当地并无此类现象。

事出反常必有妖。综合各方面的信息，有人认为，这是个别农业机械公司在炒作推销自己的产品；也有人认为，可能是个别养殖户饲料储备不足，少量高价收购作为补充；还有人认为，这是个别视频发布者为了吸引流量在炒作。

无论哪种原因，有一点是必须坚持的——粮食安全。"无粮不稳"的道理自不必多讲，一旦填饱肚子成为问题，手中有再多的钱又有何用？我们的生活有何以为继？

对出现的此类视频，农业农村部高度重视，"五一"期间就已部署核查核实，要求各相关省份抓紧调度排查；近日又下发通知，要求各地进一步全面排查毁麦开工、青贮小麦等各类毁麦情况，对违法违规行为，发现一起处理一起。

中国人的饭碗，任何时候都要牢牢端在自己手上。大家的碗，还要大家一起来端。没有人希望即将成熟的小麦被收割当作饲料，除非别有用心。

即便此事只是"个别现象"，也为我们提了个醒：18亿亩耕地红线不容践踏，让农民种粮有"钱途"，粮食安全才有保障。

"割青麦做饲料"的"妖"到底在哪里？此事值得深思，更值得下重手"清除"。

站在未来看现在，没有过不去的火焰山

"兄弟，企业现在确实很难，是硬撑着呢……"

2022年5月中旬，做企业的猛子打来电话，一诉衷肠。他不是诉苦，也不是抱怨，而是纯粹想找个能倾听的人，说说心里话。

对于一个从来没有做过企业的人，我确实给不了他"锦囊妙计"。这个，我知道，他也清楚。

尽管如此，我们还是聊了很多。

当时，断断续续，分享了自己的一些观点和看法，但愿能对他有用。

总结以下三点。

一是，这个情况，"上头"知道，并已经"出招儿"。

4月29日，中共中央政治局召开会议，分析研究当前经济形势和经济工作。会议强调，疫情要防住、经济要稳住、发展要安全，这是党中央的明确要求。5月5日的国务院常务会议，部署进一步为中小微企业和个体工商户纾困举措，以保市场主体、稳就业；确定推动外贸保稳提质的措施，助力稳经济稳产业链供应链。

"战略"上看得准，"战术"上打得准，还怕没有好效果？当然，这其中少不了"落实"和"努力"的力度和强度。

二是，各地各部门也没闲着，遇到困难的市场主体并不是"一个人在战斗"。

比如，国务院促进中小企业发展工作领导小组办公室日前出台《加力帮扶中小微企业纾困解难若干措施》，提出"安排纾困专项资金、新增普惠型小微企业贷款1.6万亿元、将处于产业链关键节点的中小微企业纳入重点产业链供应链'白名单'"等10项举措。

再如，针对当前部分市场主体遇到的一些超出预期的新情况、新困难，市场监管总局正在会同相关部门研究起草促进个体工商户高质量发展的意见措施。深入分析各类市场主体，特别是个体工商户生存发展存在的问题，积极推动更多支持政策尽快出台，为今后的发展留住"青山"。

此外，四川、贵州、山东、陕西等地，也出台相关措施，解决企业"急难愁盼"。

以上，都让那些正"掰着手指头过日子"或"等着原材料开工"的中小微企业，看到了新的曙光。

三是，没有任何时候会没有任何困难，不科学地看待困难比困难本身更可怕，要学会"站在未来看现在"。

从大的方面来说，纵观世界史、中国史，盛世也好，乱世也罢，哪个时期没有困难？这就跟老百姓过日子是一个道理：有钱就有有钱的烦恼，没钱也有没钱的郁闷，没这事儿，有那事儿。只要活着，总有事儿，烦与不烦，它都在那里，那就索性一门心思处理事儿好了。

人，常会"站在现在看过去"，回忆回忆；也会常"站在现在看未来"，展望展望。其实，还有一种人们不常用的思维方式，也非常重要且有用——"站在未来看现在"。

什么意思？人没有一步可以登天的，企业也没有一夜之间就做得风生水起的，以前遇到那么多困难，我们不都过来了吗？那再看下我们现在遇到的"火焰山"，就真的那么"不可逾越"吗？不妨站在半年、一年之后，再去看看现在的困难。老百姓有句话，"没有过不去的火焰山"。之前那么多的"火焰山"都过去了，当下的还能过不去？

不妨让未来那个更优秀、强大的自己，指导现在这个不成熟、不完美、正改变且努力成长的自己，去怎样度过眼前的困难，翻过当前的"火焰山"。

国家讲"战略"，企业和个人也要讲"战略"。困难无时不在、无处不在，只是形式不同。困难面前，是进是退，相信每个人、每个市场主体都能作出正确的选择。

先挺住，然后，站在未来，看看现在——相信会看到，2022年那个"超出预期"的困难，也不过如此。

关于"割青麦做饲料"那事，这下可以放心了

"割青麦做饲料"，到底有多大面积？究竟是什么原因？答案终于来了。

2022年5月18日，人民网刊登了一则消息，中国奶业协会（以下简称中国奶协）副秘书长陈绍祜在接受媒体采访时表示，目前相关奶牛养殖场已停止收储口粮小麦做青贮饲料。

据报道，中国奶协近日配合农业农村部调度了奶牛养殖企业有关情况，发现在黄淮海地区少数奶牛养殖场有用小麦做青贮饲料的现象。主要原因是，受去年北方严重秋汛影响，青贮玉米收储量不足，青贮饲料缺口增加，青贮玉米等存在一定缺口，只能临时用小麦青贮来应急。

看来，那个"妖"，就是"去年秋汛导致目前青贮玉米有缺口"。

去年的秋汛大家是都知道的。当时，别说收割青贮玉米了，即使把玉米棒子从玉米秸秆上收下来，都成了问题。

报道还说了一个事实：是有个别养殖场就地就近收储了一些小麦，但规模不大、面积很小，实际成交价也没有网上说的那么高；大多数还是养殖场在配套饲草料地上轮作倒茬种的小麦。

"青贮玉米有缺口，临时用小麦青贮来应急"。这个原因，合情合理，终于让关注、关心"粮食安全"的人们松了一口气，疑云不再。

"相关奶牛养殖场已停止收储口粮小麦做青贮饲料"，那接下来奶牛的饲料够用吗？怎么办？据了解，农业农村部已经做出相关安排，抓紧调剂调运。中国奶协也将帮助养殖企业搞好对接，渡过青黄不接的难关。

同时，陈绍祜表示，下一步，将引导发展营养价值和经济效益更高的青

贮玉米、黑麦草、饲用大麦等饲草料，在确保粮食安全的同时保障饲草料供应，特别是指导重点地区养殖场因地制宜地做好青贮饲料收储工作，促进奶业高质量发展，让中国人喝奶更有保障。

"割青麦做饲料"，属个别现象，已停止，且养殖场的后续问题也得到了解决。这是人们最乐意看到的最好的结果。

满天的云彩虽然散了，但"粮食安全"的意识依旧得有，18亿亩耕地红线依旧要坚守，什么时候都放松不得。此外，适当提高粮价，让农民种粮有"钱途"，大家的饭碗才能端得更牢稳。

小麦马上就要进入收割季了，期待再次看到我们的夏粮大丰收。

管他几岁，青春万岁

乍看这题目，貌似想蹭下刚刚过去的2022年五四青年节的热度。其实，不是。即使是，也没关系。

当时写下这个标题，源自与我同住一个小区的老刘。

老刘，刚刚退休，身体结实，古道热肠。

由于疫情形势严峻，这段时间，小区临时管控，所有居民只进不出。小区虽在管控，但居民的生活秩序依旧正常。联系生活必需品等货源、组织小区居民定期做核酸检测、小区环境的消杀……这些"日常小事"，多亏了忙前忙后的"大白"们。

前几天，戴着口罩在楼下跟老刘聊天，无意中透露了想在小区做志愿者的想法。没想到，一向温和的老刘竟对此有些愤愤不平。

原来，老刘也有这样的想法。但他的想法遭到了老伴儿的反对："人家志愿者都是年轻人，你个老头子凑什么热闹。万一干不好，不是添乱吗？"虽然老刘后来也感觉老伴儿的话有些道理，但心里依旧不平——他不服老。

人，怎么才是老了？其实，认为自己老了，才是一个人真正"老"的标志。

身体状况良好，至今对很多事情仍是满腔热情……老刘没老，也不老。

跟老刘比起来，有的人年纪轻轻，却一天到晚提不起精神，干啥都感觉没意思。你说，他们谁更"年轻"，谁更"老"呢？

跟有精神、有活力的人在一起，自己也会热血澎湃；跟整天蔫头耷拉脑的人在一起，便会又累又丧，状态简直糟糕到了极点。相信，不少人都有过这样的经历和经验。

"别说当志愿者，即使上战场，我也不杀！"老刘拍着胳膊上的腱子肉，依旧不服。"要不是看咱小区不缺志愿者，我肯定去了！"

无论年龄大小与能力高低，在社会需要的时候，只要勇于、敢于挺身而出，就是好样儿的！其实，我们身边一直不缺少有责任感、使命感的人。他们也是辛勤工作、养家糊口的普通百姓，跟我们没有任何分别，但在关键时刻，却能当仁不让、跃跃而试、挺身而出。没有人能否认，这些人，也是社会的良心、社会的脊梁。

老刘，有句话，那天当面没好意思说。此时，这句话送给你——管他几岁，青春万岁！同时，这话，也送给我，自勉。

这种被"大义灭亲"，没准儿您也遇到过

平时喜欢喝两口的，不少都品尝过瓶身上印着"特供"或"专供"字样的白酒。这样的白酒，有的是酒友带去的，有的是朋友当"宝贝"送给自己的。工作之余，哥儿几个偶尔小酌几杯放松一下，还能喝上不常见的"特供""专供"，岂不美哉。

问题是，这种不常见的酒，咋就没见家门口的商超有卖的呢？如果真要这么问，那这个极其正常的问题就一下子回到了"原点"——正常卖的，还能叫"特供""专供"吗？按照这个逻辑，结果就是——这些酒不但是真的，而且一般人还真弄不到！

事实却并非如此。举个例子。早在2004年，原贵州省工商局就发出通知，在全省范围内开展打击制售所谓"茅台内供酒"的专项行动。另外，有茅台酒鉴定专家表示，凡是产品名称上带有"专供""特供""内供""专用"等字样的，带有机关名称的，标明基酒、散酒的，都是"冒牌货"。

2020年9月底，市场监管总局办公厅印发《关于开展清理整治网络销售和宣传"特供""专供"标识商品专项行动的通知》强调，当时，部分电商平台出现以拼音缩写等"暗语"方式使用"特供""专供"等标识销售、宣传商品问题，严重损害党和国家机关形象，扰乱市场秩序，欺骗误导消费者。为此，在全国范围内组织开展清理整治网络销售和宣传"特供""专供"标识商品专项行动。通知中所说的"暗语"，包括"RMDHT"（人民大会堂）、"ZXYJ"（政协用酒）、"QGRD"（全国人大）、"GYZY"（国宴专用）、"JD"（军队）等拼音缩写。造假者为了迷惑消费者、逃避执法部门打击，

也算是绞尽脑汁了。

咋样，是不是刹那间感觉自己喝过这种"宝贝"假酒？如果您非得执迷不悟接着喝，我们也只能说：这杯酒，我们查了，您随意……

一看"风紧"，这"特供""专供"又盯上了其他商品。2021年8月，"厂家直供部队专用12u军绿色PET镀铝膜急救毯"出现在仪征某公司1688网店的商品标题上。全国网络交易监测平台发现后，相关基本信息、主体信息、涉嫌违规信息，以及电子证据固定文书等迅速通过总局网络交易监测信息分发系统分流到江苏省仪征市市场监管局。12月6日，仪征市市场监管局依法对该公司进行了处罚。

"特供""专供"骗人的伎俩并不高明，但为什么还有人愿意为此买单呢？要我看，主要是因为不少人有炫耀能力、"显能"的心理——这东西，不好搞，但我能搞得来！"享用"的人，大多也乐得"尝个鲜"，顺便像煞有介事地赞美"嗯，好东西！"至于是不是真的"好东西"，倒显得不太重要了。

"特供""专供"不但严重损害党和国家机关形象，与党的宗旨和要求不符，也严重扰乱经济秩序，还助长了"特权"腐朽思想的滋生。

造假的人，把本来就"没有"也"不该有"的东西生生硬造出来，是祸害；买假的人把本来就"没有"也"不该有"的东西拎出来，还无比得意地请别人"享用"，不是"害人害己"是什么？

防骗识假是全社会的责任。有关部门有必要继续加大宣传、打击力度，让违法者无处可遁；每个人也有责任保护好自己的财产和健康，同时保护好自己的"智商"。经验告诉我们，在日常生活中，凡是脱离常识的，大多数不靠谱。

下次，谁再拿"特供""专供"酒让咱喝，一起送他四个字——大义灭亲，怎样？

"下辈子我一定……"有多可笑

2022年6月的一个晚上，一位朋友发过来一首视频歌曲，《Sailing（航行）》很好听，歌词也很振奋人心。

无意中发现，视频下方有发布者写的一句话，"'70—80后'的我们，又有多少人能够自由地航行自由地飞翔，如果我们不能，我希望我的孩子可以"。

看后，想了下，便回复朋友道：这句话极端不对。凭什么自己做不到，却盼望孩子们能做到？自己先做到，然后引导孩子们去做到，才正确。有本事，就自己先去做示范啊。

或许是我不会聊天，朋友的回复中略显无奈：我只是想让你听下这首歌，你这不是较劲吗？

唉，想想也是，如此就把天聊死，也是没谁了。没办法。

或许正是因为这种"无害"的直来直去，才让朋友们对我心无芥蒂，一直包容我。

但我的观点依然是那样。为什么要把事情寄托给、"推"给下一代呢？

其实，好多人都会这样，自己没有实现的梦想和愿望，总希望我们的下一代能实现。

自己的人生还远没到终点，为什么就那么轻易地"判定"实现不了呢？再者说，真干了，真努力了，不成又何妨？孩子们是能看到我们的"拼"的。这比我们一味地"盼望""但愿"不是强得多吗？

身教胜于言传，咋一到现实中就被"打回原形"了呢？

还有，有的人总喜欢说，"如果还有来生，下辈子我一定……"

说实话，这个"有的人"，也包括此刻正在脸红的我。

细想下，如果有下辈子，就肯定有上辈子。

我们的这一生，不就是上一生的"下辈子"吗？"此生"就是上一世的"来生"。没准儿，我们上辈子也发过这样的誓呢，只不过被忘记了。"上辈子"发下的誓言，或许正是我们现在正在从事的职业和正在做的事。

"来生"是没谱儿的事，天知道有没有，还是用好"今生"吧。

一个脑袋，一张嘴，两个耳朵，两条胳膊，两条腿，不用白不用，为什么当下不好好珍惜它，好好运用它？

你的努力说给谁听，做给谁看

晚上闲下来刷朋友圈，总会看到一些朋友说自己看了什么书、出了什么差、如何加班工作等。总之一句话——他是何等努力地学习和工作。字里图外，都能看出"奋斗之余同大家分享"的大度和炫耀。

对于这些，我除了真诚地点赞外，更多地是默默等待，期待不久的将来听到他有所成的好消息，看到他与以往有所改变的成长。

遗憾的是，我的等待往往会落空。他写过的话发过的图，无论有多么励志、多么鸡汤、多么信誓旦旦，终归只是说说而已——说给大家看，说给自己看，也说给这个世界看。实际的效果，却一点儿都没有。或许，说过之后，就忘了吧。他会忘，大家也不会当真。因为，朋友圈里的文字，本来就只是给大家看看而已。

有个同事，曾经看了一本关于整理的书，发下誓言整理办公桌、整理文件、整理衣橱、整理书柜。那几天，去她办公室，办公桌果然十分整洁，没有任何办公用品胡乱堆放，电脑的桌面也十分干净，让人看着清爽。我便相信，她的家里想必也是井井有条了。

没过几天，再去她办公室，没想到竟然又恢复到原来的样子，办公桌上堆满了书籍和文件，地上散乱着报纸、杂志和各种箱子。我便又确信，她的家里想必也又乱套了。

或许，我们也都有过这样的经历：说好的保持好习惯，只能坚持短短几天，时间一长，我们便又像《西游记》里的妖怪一样，被打回原形。只不过，打败我们的那个，不是孙悟空和菩萨，而是我们由来已久的惰性和惯性。

学习，是人类的天性。小时候，我们学走路，学说话；长大后，我们学礼仪，学知识；参加工作后，我们学业务，学与别人和谐相处。只要生命还继续，我们就会一刻不停地学各种知识和技能，哪怕从来都没意识到自己在学。

前段时间，一位兼师兼友兼兄长的"前辈"说过一句话：学了你就用，你就真有用；学了你不用，你就没有用；一旦你没用，我也没有用。

听到别人的教诲或道理，我们往往会点头称是，甚至暗下决心一定做到。但现实的情况呢，往往是赞成的是一套，执行的却是另一套。只有心动，没有行动。

我们说给谁听？做给谁看？谁稀罕听我们所说？谁稀罕看我们所做？

一个人负责任，最终是为自己负责；一个人说了不算，最终是给自己放水。

我向来不排斥"鸡汤"，因为它有营养，无论多与少。但更重要的是，把"鸡汤"真正吸收，变成自己需要的养分，滋润自己成长。

如果真的努力，就一直努力下去好了，说与不说都无妨，做不做样子都无关紧要。我们是否真正改变、成长，一年半载后，整个世界都能看到。

从"想要"通往"得到"的路

（一）你真的是"懒得要"吗

面对现实的不完满，人们往往用两种常见的态度，去反馈给身边的人或这个世界。

一是妄自菲薄，认为自己不如别人条件好，给自己的现存的失意或不完美的结果，找出若干合适的理由，以求心安理得。二是狂妄自大，表现出来的态度，是自己不屑于做某些东西，而不是做不来。他们向外界释放出的信号是，自己之所以"不拥有"某个东西或成绩，是因为自己"不屑于要"。

但果真如此吗？我从来都不相信，哪个人会不想拥有美好的东西，比如，美和财富；我也从来都不相信，谁会拒绝体验美好的感受，比如，取得胜利后畅快淋漓的感觉。

既然我们"想要"，为什么不予承认呢？是因为虽然"想要"，但"得不到"。于是，给自己个台阶下，索性说自己懒得要。

（二）其实你只是"不敢要"

其实，从"想要"到"得到"，谁都要经过"过程"这条道路。只不过，在这"过程"里，有的人半路掉队或选择了自动退出，有的人却坚持到了最后。掉队或自动退出的，是因为只看到了煎熬，而没看到希望；坚持到最后的，是因为他对后面的结果有着坚定的信心，至少他坚信"行动胜于不行动"。对了，其实，"不行动"也是一种"行动"。

人们总是只愿相信那些眼前看得见摸得着的东西，却对远处的结果选择故意失明或得过且过。那美好的结果，我们每个人，不是"不要想"，而是"不敢要"。

（三）你等待的时间节点永远不靠谱

毛毛虫永远体会不到做蝴蝶的精彩，得不到者也永远体验不到获得者的欣喜。

从"想要"通往"得到"的路，是"真敢要"，敢于向未来索要最终的结果，敢于向世界索要每一个环节必须的资源，敢于向自己索要达到结果所必须具备的能力和本领。

对于某个结果，如果你真的"想要"，就先问自己是否"敢要"吧。

如果真的"敢要"，你就马上开始行动，而不是等到下一秒，更不是等到明天或哪个更有意义的时间节点。

给抱怨换下基因

（一）"抱怨"人人都会有

抱怨，谁都知道是个负能量，不好。但是，面对一些自己不能把控的情况，谁又能做到没有一点儿抱怨呢？恐怕很难。

即使极为自律的人，也一定会偶尔在不经意间对某人某事有抱怨。

自己会有抱怨，为什么就不能容忍别人比我们多抱怨几句呢？谁身边没有几个凡事总是抱怨的人呢？大家又不是神仙。

面对抱怨的情绪，重要的是要有觉察力。自己一抱怨，马上就能觉察到，能做到这样的"后知后觉"，已经是很牛的人了。如果再能马上停止抱怨，甚至把它变成正能量，那简直就是太牛了。

（二）如何把抱怨转化为正能量

的确有个方法，可以给抱怨换下基因，让抱怨变成正能量。可以简单总结为"改变句式+不带情绪的沟通"。

随便举几个例子。比如，"这孩子怎么不知道用功呢""今天食堂的饭真难吃""这样的领导真是太差劲了"，等等。

首先是"改变句式"。我们可以换一种思维方式，给这样的句子前面加上一个疑问词，像"怎样""如何"之类。这样，上面的几句话就变成了"应该怎样才能让孩子用功呢""如何让食堂的饭不难吃呢""如何才能让领导不差劲呢"。

其次，如果真想解决问题，我们接下来要做的，就是"不带情绪的沟通"。可以找孩子、食堂管理负责人、领导，心平气和地问明原因，表明感受，提些合理化建议。相信，面对一个出于公心、真诚沟通的人，没有人会紧闭心门，油盐不进，一意孤行。即使事情得不到立即改观，至少也会有所改善。

（三）解决问题比抱怨更重要

这个方法的好处，就是把"抱怨问题"变成了"解决问题"。毕竟，抱怨后面的真相是想解决问题，而不是纯粹发一大堆牢骚。

如果是纯发牢骚，就是不负责了，是对自己的不负责。甘愿把自己变成一个不招人待见的"怨妇"或"怨夫"，当然是对自己不负责。

改变心性和坏习惯，从每件事上开始。王阳明的"从事上磨"，就是这个道理。这个方法，可以试下。它将帮助我们快速成长、迅速提高。

把坏事变成好事，其实真的可以。

别做"貔貅"，只进不出

学习就会成长，不学习呢？

就是下面这个小皇帝的下场：

2000多年前，公元6年，谁也不知道，风光无比的西汉帝国马上就要完了。

当时，14岁的汉平帝刘衎（读音"kàn"，快乐舒适的意思）病死。搁现在，14岁，就是一小毛孩子。刘衎过得并不像父母的期待一样，快乐而舒适。相反，当时内外交困，他应该是很不舒服，所以没准儿是因为郁闷病死的。

此时，外戚王莽，就是早就想当皇帝的那位，感到自己当皇帝的条件还不具备，就决定先立一个傀儡。

汉平帝死时只有14岁，当然没有子嗣了。那选谁呢？

选来选去，王莽选中了广戚侯刘显的儿子刘婴，为皇位的继承人。

这个刘婴，真的是个婴儿，当时只有一周岁，话都还不会说。王莽便自己做了"假皇帝"，立刘婴为皇太子，号曰"孺子"。"孺子"，用在这儿，咋琢磨都像"你个小兔崽子"的意思。

后来，也许是胸有成竹了，王莽索性自己称帝，封那个当了皇帝的小孩儿为"安定公"，把他给软禁起来，并且，不准任何人跟他说话。

别说一个娃娃，即使成年人，长年不跟人说话，啥也不接触，人会成啥样，可想而知。

就这样，在王莽的"安全保护"之下，这个小皇帝成年之后，竟然"不识六畜"，连啥是鸡狗都不知道，成了一个十足的傻子。

不学习，就是这样。

当然，这是极端的不学习的例子。我们谁也做不到，也没人想做到。

学习，相当于往肚子里吃东西、输入东西。有输入，就应该有输出。只有输入没有输出，那叫什么？那是貔貅，"吞万物而不泄"，只吃不拉，只进不出。所以，现在的人们才把它当招财的瑞兽来供奉。

只进不出，招财可以；做人，万万使不得。

俗话说，来而不往非礼也。跟别人打交道，如果像貔貅一样，光进不出，会怎样呢？肯定没有朋友。今天吃饭人家请客，明天吃饭人家掏钱，就他一毛不拔，谁还愿意跟他做朋友？

学东西也是这样。学了就要分享，分享的过程，不但是一个最有效的检验学习效果的过程，也是一个传授知识和经验给别人的过程，既对自己有好处，又造福别人。利他利己，何乐而不为呢？

在所有人中，最善于分享的一个人群，就是"老师"。

在分享知识和经验的过程中，不妨把自己当成一位老师，去同大家交流、沟通、分享。如此，肯定有大的进步。现在不就有好多老师让学生上台去讲吗？这个，我支持。

学了东西，跟人嘚啵嘚啵，不为炫耀，只为分享，效果肯定好。不妨一试。

站在未来看现在，最重要

王尔德曾经说，每个圣人都有过去，每个罪人都有未来。

我们既不是圣人，也不是罪人，所以既有过去，也有未来。

过去，可以回忆；未来，可以憧憬。但千万不要忘记，过去和未来之间，更有现在。现在，比过去和未来都更有风韵。始终陪伴我们的，只有它。

人的一辈子，像一条横向延伸的坐标。我们身处现在，后面是过去，前面是未来。

闲暇时，可以站在现在看过去。看以前的不肖和骄傲，但无论伤痛或辉煌，万不可沉溺其中，要懂得适时回转。

苦闷时，可以站在过去看现在。看经过几年、十几年、几十年的蜕变，我们的生活和自身发生了多么翻天覆地的变化。曾经的懵懂少年，已长成中流砥柱。

彷徨时，不妨站在现在看未来。看见若干年后我们心中的那个自己，对，不是看，而是看见。看见那个优秀的、成熟的、遇事百折不挠指挥若定的自己。那么一个美好的自己，想想就让人心生向往。

更多时间，应该站在未来看现在。让未来那个优秀的自己，指导现在这个不成熟、不完美、正在乐于改变且努力成长的自己。

记住，最重要的是：站在未来看现在。

让未来的自己，那个良师净友，陪伴、指导、监督、鼓励我们在正确的路上坚定走下去。

只要你舒服，事儿就对了

前几天，处理了一件比较棘手的事。事后问一位大神级人物，我做得对不对。

大神头都没抬，问了一句话，又接着答了一句话，算是对我的回答：这样做，你舒服吗？不管别人，只要舒服，你就做对了。

我愕然。

其实，像我这样的人挺多的。我们是善良、自律、上进的人，却常常被这些鸡毛蒜皮的琐事和情绪所困扰。

最大的困扰，就是无论我们怎么做、做多少、做多好，都会有人不满意、不买账，甚至说三道四，好像是我们的优秀掩盖了他们的光辉。

我们积极努力、与人为善，压根儿就没想跟谁比高低、较高下，只是我们有自己的做事原则和做事方式罢了。不好好做事，我们过不了自己这一关。

经过了若干种人，遇到了若干次不公正对待，我们才真正明白了"一人难称百人心"的道理。人敬我一尺，我敬人一丈；你对不起我，我马上奋力反击，让对方不敢有第二次。才不相信"君子报仇十年不晚"的鬼话，有仇，一般当场我就报了。

本来就很谦虚的人，就没有必要再要求他温良恭俭让了；最应谦虚的，是那些向来自以为是的人。本来就特别顾及别人感受的人，就不能再要求他为别人着想了；最应顾及别人感受的，是那些一贯自私自利的人。

所有谦虚、善良、积极向上的人，遇到纠结之事，直接这么想好了：管他怎么样呢，只要我舒服，这事儿就是对了，纠结个屁！

如是，方对得起自己；否则，好人就没好日子过。

让好人吃亏，这事儿，不能做。

你那不叫心直口快，是教养不够

遇到"心直口快"的人，是一种什么感受？

放心？踏实？尴尬？无语？

人的性格，本来没有好坏之分。作为正常交往，只要心存善念，能够照顾到别人的感受，就没问题。可偏偏，有些人的"心直口快"叫人有点儿受不了，让你感觉眼前这个人既可怜又可气，让人无语。

朋友@黄老鞋，说他的朋友小武，就是这么个人。

"心直口快"是大家对小武的评价，他自己也乐意这么标榜。

但就是这"心直口快"，让他伤了好多人，也让不少人对他"不感冒"。

@黄老鞋说，时间久了，他一直怀疑，那些称赞小武心直口快的人，是不是别有用心。作为同事，怎能眼睁睁地看他既伤人又害己呢？

一女同事休完产假刚上班，大家见面难免寒暄几句。男同事没有更多说的，问一下小孩子的情况算是打过招呼了。只有小武，楼道里遇到，惊呼："哟，胖成这样儿了都！"看他没有开玩笑的意思，那女同事挤出点儿笑，扭身走了。

一次批评与自我批评，要求每个人对其他同志做客观评价。其他人都是优点说的多，不足一带而过。只有小武，点评别人时，优点点到为止，缺点面面俱到。一屋子人愕然。大家知道，他说的是实话，并无恶意，但的确让人感到不合时宜。

事后，不是让他圆滑，更不是让他八面玲珑，@黄老鞋劝小武别再"口无遮拦"，应该照顾下别人的感受。谁知小武甩下一句："我就是这么心直口快，你要看着不舒服，可以不看啊。"

@黄老鞋灌了口啤酒，跟我说，你说咋弄，这不是不知好歹吗？

我们有自己的原则和性格，没必要看别人的脸色说话、做事。不看别人脸色，绝不是可以不顾及别人的感受。

正常交往中，彼此尊重是第一位的要求，是必须的。连他人的感受都不顾及，还哪里谈得上什么尊重？即使不被重视，也不能让人不当回事儿，这是正常的想法。谁愿意被人当众揭短，谁又愿意来一场没有台阶下的聊天呢？

口无遮拦哪里是心直口快，分明是尖酸刻薄。

我不知道这个小武从小经历了什么，只是他的刻薄和固执，让我越来越倾向于把像他这样的人定义为"教养不够"。

这样的人，其实，挺可怜。

只要他不改，迟早会吃亏，因为社会自会教育他。

脸，是一个人的风水

人的一生，注定会走很多路，遇到很多人。

熟悉的人自不用说，我们心里会对他有个印象，有个评价。无关褒贬，无关毁誉，只关乎我们内心的感受。

擦肩而过的，也会给我们留下瞬间记忆。比如，这个人很精神，这个人有点颓废，这个人一脸喜庆，这个人一脸苦相。

初次遇见，我们在意的，往往是对方的一张脸。

即使一脸横肉的，也未必就让人退避三舍。因为我们素不相识，无冤无仇，井水不犯河水，为什么要怕他。

最为让人不舒服的，莫过于一张"苦瓜脸"。

因为看到它，容易让人不由自主地去想：这个人到底经历了什么？为什么这副模样？

其实，一副苦相的人，未必过得有多苦、多不开心。只不过，那副表情，他习惯了。他自己，并不知道。

或许，当他知道，自己平时是以那样一种形象示人，他自己也会吃惊。因为，毕竟，作为正常人，每个人都热爱生活，愿意给别人留下美好印象。

为了知道自己平时的样子，不妨经常照下镜子，冲里面那个人呲呲牙咧咧嘴，冲他笑一笑，冲他吼一吼，再回复到平时的模样，端详一下里面那个熟悉的陌生人。最后，在心里，问下自己，你喜欢里面那个人的表情吗？

如果感觉他帅帅的，靓靓的，那是最好的。如果自己都有点儿讨厌他，那恭喜你——你已经找到你最该努力改变、也最容易改变的地方了。

一个人，最难的，就是能找到自己改变的突破点和起点。

这样的突破点和起点，一般人是不会直接告诉当事人的。因为人家会照顾对方的自尊心和承受能力。

人的一张脸，是一个人的风水。它可以不漂亮、不帅，但不可以狰狞，不可以苦。

一张苦脸，好日子也会被它蒙上阴霾；沉静柔和的脸，会给阴暗以光明，给悲伤以力量。

愿看到，每个人沉静、柔和的脸。还有，每个人眼里，亮亮的光。

无论生活怎样，笑一个，我看看。对，就喜欢你这个模样。

最好的修行，在日用间

（一）

我们都是自律而勤勉的人，会在心里叹服有道理的文字和有裨益的教诲，并决定去践行它。

想改变，欲至臻完美，是一个人完善自我的原始动力。

也有自以为是而狂妄的人，把忠告、教诲当成说教和说笑，讥讽它，贬损它，表现得不屑一顾。

这样的人，自有他的价值和判断，也自有他的人生。这样的人，值得同情，值得怜悯，虽然他貌似强大。

人的一个行为，一句话，未必是他；但一个人的动机，必定是他。动机，会从源头成就他，或堕落他。

曾经，我们要求自己"头容正，肩容平，胸容宽，背容直"，让世界看见我们的器宇轩昂；把书桌和办公桌整理的井井有条，一尘不染，让世界感受我们的勤勉、敬业；让自己用宽容、平静对待生活，想把世界包容在我们心里。

但是，世事总难全。三天之后，我们便被"打回了原形"。

是我们身上的浮躁、惰性、顽劣太重了吗？

是，又不是。

（二）

有一天，夏丏尊去看望老友弘一大师。

看到弘一的午餐是咸萝卜和白米饭，便说："太咸了吧，吃得下吗？"

"咸有咸的味道。"弘一答。

饭后，弘一倒了一杯白开水，貌似很享受。

"太淡了吧？"夏丏尊问。

"淡有淡的滋味。"弘一大师道。

咸有咸的味道，淡有淡的滋味，生活便是如此。

那咸的味道，淡的滋味，正是弘一大师的当下。彼时，彼味，便是他的全世界。

（三）

吃饭就是吃饭，睡觉就是睡觉，劈柴就是劈柴。这样的道理，曾经被我们认为充满佛境、佛意、佛理，遥不可及，深不可测。

可是，我若说，这些，都曾被我们内化于心外化于行，运用自如得心应手，你信吗？

儿时，粘知了，我们眼中哪有树木，哪有风声，哪有世界？知了，就是我们当时的全世界。

一窝蚂蚁，几片树叶，一棵小草，孩子们可以蹲在那里看半天。那半天，除了蚂蚁、树叶、小草，世界的其余又都在哪里？心里有的，才是我们的全世界。

正如化妆。最美的妆容不在脸上，而在心里，在人事中，在日用间。再厚的脂粉，也掩盖不了一张狰狞的脸。心里如沐春风，脸上才端庄祥和。如此，方最美。

"上士闻道，勤而行之；中士闻道，若存若亡；下士闻道，则笑之；不笑不足以为道。"未来的你，是什么样子，取决于今天怎么行动。

什么是今天？此人，此地，此时，此事，此日用，便是全部。

去此而求彼，无异于缘木而求鱼。

现在都抓不住，何谈把握未来。最好的修行，便在日用间。

谦卑，只对谦卑的人

见过好多谦卑的人，过得非常憋屈。让人心疼。

这些人，往往一味地让别人舒服，却处处委屈了自己。

如果对方也彬彬有礼，他倒也心生欢喜。倘若对方是个看人下菜碟的人，他事后则会心有不平，恨自己硬不起来。

谦卑之人往往是好人。但好人就得吃亏吗？关键是怎么去做"好人"。"好人"并不应该是没血性、没脾气的代名词。

让谦卑之人不吃亏，有解吗？有！

佛家人一般都比较和气，遇事也淡定。但也有例外。

说一则袁焕仙老先生的故事，看看什么是气节，什么叫大写的人。

袁焕仙，佛家居士，南怀瑾在他面前得称"弟子"。1947年，袁先生到台湾省讲法。有个日本僧人，顶礼而拜，举一指问，请问先生这是什么。老先生怒喝：我日你妈，你比画什么，在老子这里你什么都别想得到！日本僧人屁滚尿流落荒而逃。

你们杀我同胞，还跑到这里装模作样，滚你娘的！

我们尊敬的，是值得尊敬的人。对侵犯我们的人，就要给他颜色看！

日常生活中，过于谦卑，是对自己的不尊重，是对自己的看不起。这一点，好人一定要记住。

对彬彬有礼的人，我们必须谦卑，无论他地位怎样，因为我们是大写的人；对于颐指气使的人，我们必须站直身子跟他说话，因为我们尊重自己。

谦卑，只对谦卑的人。硬气，留给自以为是的人。

为什么别人会看起来很高大？因为你跪着。

为什么你对有些人会有一种诚惶诚恐的感觉？因为你跪着。

为什么别人会不把你当回事？因为你跪着。

为什么你心有不甘却无力反抗？因为你跪习惯了。

那些被跪的人，需要对方来跪吗？真的未必。如果自己够强大，别人跪又怎样，不跪又怎样？

那些被跪的人，真的看好跪着的人吗？真的不看好。跪着的，只是一奴才，有什么值得被看好的？

堂堂正正去说话，去做事，才能真正赢得别人的尊重，而不是一味地迎合别人。

敬我者，我敬之；自以为高高在上者，那就让他去自嗨吧。

败就败在了你不是一个"戏精"

人们，都有一个梦想中的自己。

现实中的自己，往往跟梦想中的那个自己有很大差距。

那个梦想中的自己，虽不完美，但足以让我们魂牵梦萦。

那个自己，或勤勉而成功，或自由而自律，或器宇轩昂左右逢源，或不卑不亢如鱼得水。总之，就是那个自己想成为的人。

但日子一天天过去，我们却经常发现，那个"梦想中的自己"，仍一直没有到来，仍一直仅仅只存在于梦想中。

"梦想成真"，难道真的只是一句对别人美好的祝福？一支自我麻醉的"安慰剂"？

其实，梦想中的那个自己，可以被称之为"我们认为我们应该成为的那个人"；现实中的自己，则是"我们还未成为的梦想中的那个人"。

"认为"，无疑能促成"成为"，但关键是，中间还隔了一个"行为"。想从"认为"一步跨到"成为"，只是懒惰者的一厢情愿罢了。

不要羞于或害怕给一直以来的自己定义为"懒惰者"。谁又不是这样呢？

明知道自己要勤勉、要自律，要从现在开始、要从当下就出发，可我们还是会给自己的"新征程"定一个恰好不在当下的时间节点，或者是明天，或者是某一个自己觉得更有意义的时刻。

不只是你这样，多数人几乎都如此。

也正因为如此，我们才活成了那个不满意、常懊悔、常更新又周而复始的那个碌碌无为的自己。

一句话，我们一直在得过且过地原谅自己。

认为→行为→成为→作为，才是那条正确的让我们成为梦想中的自己的路。先"认为"我就是那个样子，再按照那个样子去"行为"，直到真正"成为"那个样子，最后达到"有所作为"。

"认为"自己是个成功人士，就要像成功人士那样举止、行事；"认为"自己是个体型健美的人，就要像体型健美的人那样锻炼、自律；认为自己是个自律的人，就要像个自律者那样不放过自己。

在这条"认为→行为→成为→作为"的路上，可以"假装"，并"装到底"；甚至可以"骗自己"，骗到自己深信不疑。

这正应了那句名言：可以先装扮成那个样子，直到成为那个样子。

不疯魔，不成活。为了成为那个梦想中的自己，"装"和"骗"又有什么关系。这种"装"和"骗"，只能让我们越来越好，让世界上优秀的人越来越多。

没有谁不愿出类拔萃，但多数人的潜意识又是"我不行，我做不到"。这种"斗争"无所不在，这种"信念"坚不可摧。

是的，我们的"信念"一直是极为"坚定"的，坚定到让自己难以置信。否则，"我做不到"，这种"信念"又怎会如此"坚定"呢？

曾经，孩子遇到困难，问我怎么办？我说，你最崇拜谁，就把自己当成他，然后想，遇到这个困难，他会怎么办，你的困难也就找到了解决之道。

把自己当成那个梦想中的人，你也就找到了所有应对困难的方法。逐渐地，你也就成为了他，至少是无比接近了他。

一个人，可以决定自己成为什么样的人。这句话，不骗人。

"过嘴瘾"有什么用

"那就是个傻×！"

"你知道吗，他这个人……"

"什么？他要是敢这么着，我就……"

……

这些话，几乎熟悉的不能再熟悉了——我们都既说过别人，也被人这么说过。

这世间，我倒想找出一个没说过这种话的人。就像耶稣所说，"你们中间谁没有罪，就可以拿石头把那女人砸死"，结果那女人得以平安。

那些狂妄之语、泄愤之辞、口舌之利，又有什么用呢？后来的事实往往证明，啥用没有，别人的日子和自己的日子还是该怎么过怎么过。

那些被骂的、被议论的，依旧整天乐乐呵呵，按照自己的轨迹快乐行事——因为他不知道被骂、被议论。反倒是那些骂人的、议论人的，似乎一天比一天难受——那孙子越骂越好，你说气人不气人。

有些人是欠——少教养、欠修理。但教育他是他父母的事，你是他爹妈吗，有这个义务吗？能从善如流的，可以提醒，可以点化，甚至可以当头棒喝。听了"忠言"就感觉"逆耳"的，何必再去让他把你当作"敌人"呢？

百人百性，千人千面，世界就是如此多彩，不必妄求也不可能做到整齐划一。如果世间人都一样，这世界将多么无趣。

尤其是那些被我们说过的"狠话"，又有多少兑现了呢？像什么"看我不不弄死他""我就……他"之类。拿出账本儿翻翻，你又"弄死"过谁呢？

又把谁怎么样过呢？相信，那些真的"弄死"过谁的，要么早已不在人世，要么现在正在有警卫站岗的墙里边儿吧。

既然那些话"没用"，为什么还要说呢？作用恐怕只有一个——过瘾。

能让人"过瘾"的，大概没有几个是好的行为、好的习惯。

抽烟能过瘾，喝酒能过瘾，大热天儿喝冰水能过瘾，饿极了大快朵颐能过瘾……哪一个又是值得提倡的呢？

"瘾"，是一种病。"过瘾"，是病态。"过嘴瘾"，是最常见、最令人不知而犯的病态。

怒，可以发；火，可以泄；意见和态度，可以表达，但方式要正确。凡是自认为成熟的人，都应能够控制自己的情绪、语言和行为。可偏偏就有人控制不了，且美其名曰"我是个直爽人"。对此，"直爽"如果是个人，他肯定会说——这个锅我不背。

直爽绝不是口不择言。

无论从心理学还是从社会学的角度来讲，"口中有，心中无"这种说法，我是断然不信的。至少，当时，当事人肯定是"口中有，心中也有"的。对于有些过激之辞，口中、心中都有倒也无所谓，过去那三分钟，也就烟消云散了。但烟消云散，不如没有。就像钉子钉木头，拔下来，孔还是在的。不如不钉。

起心动念，皆是善恶——不是好的，就是不好的。就像《易经》中所说，你不动，一切如故；只要一动，肯定会有吉凶悔吝，不是好就是坏，不可能一点儿影响没有。

所以，管住自己的嘴，至关重要——它至少关乎一个人的修养与教养。

那些"过不去"的"过去"

所有糟心的"过去",都是现在心里的"过不去"。

这样一个观点,你认同吗?

其实,所谓的"过去",只不过是那些让我们难以忘怀、释怀一些人和事,在我们现在心里的映射,对我们现在的影响。

不少人都会强调或抱怨,包括童年等过去的一些经历对现在造成了什么样的影响。他们说的,大多是一些不愉快的经历。

之所以这样认为,与其说人们是在为现状"找原因",倒不如说是为现在的我"找理由"——你看,之所以我会这样,都是因为过去如何如何——为自己继续安于即使痛苦的现状,找到的"继续决心不改变"的"理由"。

如果感觉此话残忍,正好证明它直指人心,或者说,它正好戳中了你的痛处。与文字交流,戳中痛处又何妨?反正,你认识它,它不认识你。这比与一个安全、可靠的人交流,更安全、更可靠。两下相安,岂不好?

无论过去如何,就让它真的"过去"吧。即使繁花似锦,即使冰天雪地。

凡是耿耿于怀的"过去",其实都是"过不去",至少是现在还"没过去"。

对待"过去",更现实的意义,是"现在怎么办"。对,是"现在"怎么办,绝不是"未来"怎么办。因为,未来永远都不会到来,未来永远是未来的现在。

无论是谁,现在的当务之急,都是"现在怎么办"。继续过去的辉煌?继续过去的不堪?立即做出改变?继续以前的不改变?一切,你说了算。

　　胸怀和格局，决定了一个人怎么看待过去。凡是还没走出"过去"的，都是在为自己的现在开脱。

　　现在怎么办？现实、命运、未来，都听你自己的。

遇到难事的正确态度

人生在世，遇到难处理、难选择的事，在所难免。

对此，不少人或逃避、或退却、或不做任何选择任由事情往下发展。但不选择也是一种选择，他选项的是"不选择"。

这些，都不是处理问题正确的方式，对问题的解决没有一点儿用处。

曾国藩，是我最佩服的人之一。不妨讲一个关于他的故事。这个故事，据说是他讲给自己的得意门生李鸿章的。

一老翁请客，让儿子出去买果蔬，久未归。

老翁便到到村口看，见儿子挑着菜担与一个挑京货的汉子正在一条田间狭窄的小路上争吵。原因是，小路很窄，两人无法同时通过，谁都不肯退回。

老翁跟汉子说，家中有客，儿子身材矮小，下水必打湿货物；汉子身材较高，下水不会沾湿担子，请汉子下水田退让。

汉子不服：你儿子挑的是果蔬，浸湿没关系，我这是京广贵货，绝不能沾了水。

于是，老翁就近对汉子说："这样，我下田，我把你的担子顶在头上，等你空身而过，再给你。"遂边说边解衣脱鞋。

汉子过意不去，当即下田避让，争执就此消散。

从这个故事我们得出，遇到难事，正确的方法应该是：挺身入局、说明情况、表明态度、争取理解、解决问题。

一是遇到事，要挺身入局。无论什么事，逃避总不是办法，如何能解决问题才是最重要的。如果是自家的事，自己逃了，家里其他人就得上，这种做法极不可取；千斤重担主动挑，让家里人尽量轻松些，才是正道。如果是单位的事，既然跟你有关，逃也逃不掉。硬要逃，一是不负责任；二来大家对你的担当与否和处事方式也会"心里有数儿"。

二是遇到事，不要先入为主。事和人是关联的。遇到事，往往是遇到了"不好解决"的"人"。事的问题，往往都是人的问题。此时，先不要想别人有多么不好、多么不配合、多么阴暗。如果先给对方贴一个不好的"标签"，就会看他做什么都不顺眼。就像"疑人窃斧"一样。怀着最大的善意，迎接最坏的结果，是个好办法。

三是遇到事，好好沟通。好多情况，你不说，别人有可能是真不知道。不要想当然地认为对方"应该知道"。不带情绪地说明情况、表明态度，好好沟通，事情的结果即使不会像我们想的那么好，但也绝不会像我们想的那么差。这是经验之谈。

四是"我"之外没有别人，只有自己。这句话，其实就是王阳明说的"心外无物"。一个人对一件事情的认知，就是他处理事情和问题的边界与高度。这个世界，不是你影响了别人，就是别人影响了你，很少有人不被别人影响。既然如此，我们就一定要做能影响别人的人，而不被别人影响。别人对我们的评判，只是他认知的体现，与我没有关系。比如，你说我美得像一朵花，或者丑得像猪八戒，都无关紧要，因为我都知道我长什么样。对别人的评判，一笑了之心里有数儿就好了。我们的目的，是好好沟通，把事情妥善解决掉，这也是让你的朋友和敌人更加在心里对你暗挑大指的充分理由。

人的问题解决掉了，事的问题自然也就没有了。

还有一点，人往往把别人分为"敌我"。其实，朋友或敌人，未必一成不变。介于朋友和敌人之间的，更是大多数——既说不上朋友，也说不上敌人，只是普通关系而已。你没那么多朋友，更没有那么多敌人。我们，在别人心里，没那么重要。不管我们愿不愿承认，事实，就是如此。

意志和精神是决胜的关键

——由"克莱因方程"所想到的

曾经长期担任美国中央情报局副局长的克莱因，提出了著名的"克莱因方程"（又名"克莱因公式"）。

这是对一个国家综合国力的评估公式，即PP=(C+E+M)×(S+W)。也就是说，一个国家的综合国力，等于"硬实力"×"软实力"。其中，硬实力是物质要素，主要包括基本实力、经济能力和军事能力；软实力是精神要素，主要包括战略意图和国家意志。

1955年11月1日，越南战争爆发。苏联、中国支持北越，美国支持南越，战争一直打了近20年，到1975年4月30日才结束。美军5.8万多人阵亡。最终，北越实现国家统一。

作为大国、强国的美国，为什么会在越南折戟沉沙？它在亚洲的战略为什么会失败？

克莱因发现，美国在军事、经济等方面很强，在越南的失败是败在了精神要素上。主要是美国民众和越战退伍老兵的"反战"运动导致美国在贯彻国家意志上"力不从心"。

没了意志，没了精神，啥都做不成。

从"破釜沉舟"等著名案例也可以看到，决定一场战争的，除了战术因素外，精神因素至关重要。有时，精神因素要远远大于物质因素。中国共产党为什么能取得最终胜利？从没有武装到武装起来，到被"围剿"被迫长征，到发展壮大，再到三大战役，可以说，都是精神因素起了决定性作用。

这个规律，在作为个体的人身上，同样适用。比如，许多家境贫困的孩子往往比条件优越的孩子要更用功、更成功。不少人，在艰苦创业的时候拼尽全力，不达目的誓不罢休；成功之后，反而会意志消沉，最终一败涂地。这些，往往是精神因素在起作用。

美国第42任总统克林顿曾幽默地说，航空母舰是国际政治的"笔尖"。意思是说，这支用航母做的政治"笔尖"，是专门用来书写美国意志的，有了这个"笔尖"，美国就可以任意书写自己的国家意志。难怪克林顿曾说，当"危机"这个词在华盛顿出现的时候，无疑每个人要说的第一句话就是：我们离出事地点最近的航母在什么地方？

航母，成了他们最大的"精神因素"。

但这种建立在"物质"之上的"精神因素"，仍不是最强大的。1956年8月22日，一架美国海军最新型的PMQ4—1型电子侦察机飞着S形路线，在长江口外擦着中国领海线时进时出，且拒不接受警告。空四军军长高厚良果断命令飞行员张文逸开炮将其击落。25日凌晨，由"赛克斯号""列克星敦号""大黄蜂号"3艘航空母舰及护卫舰等共30余艘舰船组成的混合舰队，在中国东海的领海线外摆好了攻击架势，但始终没敢越过中国的领海和领空。几个月后，中国渔民在海里打捞出美军飞行员的尸体，美国舰队又一次前来"认尸"，只是没有了当初的耀武扬威。后来，陈毅在记者招待会上怒发冲冠地说："人们只知道世界上有一个美国不好惹，须知道还有一个中国更不好惹！"

不建立在"物质"基础上的"精神因素"，才是最强大的。我穷、我小、我弱、我地位低、职位低，没办法，这是"先天因素"，但我发展、壮大自己的决心和意志，谁都阻挡不了，这才是真正的"精神因素"。我可以尊重你，但如果你不尊重我，对不起，老子必定跟你干到底，"打得一拳开，免得百拳来"，这才是真正的"精神因素"。

有的人身高马大、风流倜傥，但见到"大人物"或遇到什么事，总是一副低三下四、低声下气的样子，让人讨厌又鄙视。这种人，长得再高，也是跪着的。

　　有的人不帅也不美，论客观条件并没有优势，但做事不卑不亢，挺胸抬头，一身正气。遇到好事，不得意忘形；遇到坏事、难事，也不失意忘形。这样的人，到什么时候，都是一个大写的、站着的人。面对这样的人，无论朋友，还是对手，都会对他心生敬意。

　　一个人，什么都可以没有，唯精神和意志不可没有。

　　一个人，什么都可以失去，唯精神和意志不可失去。

　　有人，就有一切。有精神和意志的人，将无往而不胜。

你说过的所有话，其实就是你

好多人，活了几十年，都没搞明白自己是个什么样的人。

这话，一点儿都不夸张。

其实，从一个人的说话，就可以判断一个人的格局、胸怀、人品和人生态度。这既便于我们辨识他人，更便于我们认清自己。

归类以下几种人，不妨对照下，看身边的朋友或自己属于哪一类。或许，某些人哪一类都不算，或者哪一类都有他的影子。这，很正常。

第一种人，自知骨子里不牛，话里话外却很"硬气"。遇到事，总喜欢说些最狠的、最硬的，也最能彰显自己"位置"的话。其实，说白了，就是想通过在别人心目中树立"意见领袖"的形象，进而成为一定范围内的举足轻重的人。这类人，往往在事情的关键时刻，以若干借口或理由销声匿迹、闭口不言。他们不懂、也不会沟通，不会、也不敢在紧要关头向比他职位高的人提出任何意见建议。他们总是"说最狠的话，办最怂的事"，不值得托付大事、要事。

没人逼你表态，无人让你"强硬"，为什么非要装作"强人"给别人看呢？要知道，人们辨识一个人，最简单的方法，就是不仅"听其言"，还要"观其行"。

第二种人，能力、水平欠缺，嘴上却不吃亏。人们最在意、最敏感的，往往正是他最薄弱、最不愿暴露的一面。学习成绩不咋样，最烦别人问考了多少分；日子过得紧巴的人，不愿谈钱；感情经历坎坷的人，也总是不愿提及家庭……这也都是正常之人的正常之事。隐私，自己不说，别人很难知道。但能力和水平，却很难隐瞒。尤其在熟人面前，谁还不知道谁几斤几两？没水平是自己的事，只要不给别人设置障碍，大家倒也也懒得点破、说破。就像那件"皇帝的新装"。但这类人中的大多数人却偏偏不认"没本事"的账，总喜欢在话头儿上占上风，用给别人设置障碍的方式去引人注目，仿佛只有这样才能显示他的存在。

其实，攻击别人并不是他的本意，他在意的，更多是别人是不是"看得起"他、"尊重"他。脸，是自己给的，要么长本事，要么一团和气，才是这类人的出路。

第三种人，承诺多，落实少，话说得很好听，就是办不成事。这类人，似乎总在照顾别人的情绪，总在给别人面子，但最终却在人家那里落得"一点儿面子都没有"，因为他总是说到做不到。这类人，情商往往很高，智商却不好说——说了不算，算了不说，不是把别人当傻子吗？当他认为所有人他都可以"玩弄于股掌之间"的时候，其实也正是别人"玩弄"他的时候——谁比谁傻——人家只不过在微笑着看他"表演"而已。

第四种人，像小说中的"莽撞人"，快意恩仇，谁都不吝。他们可以吃亏，但见不得别人跟他搞阴谋。此类人，表面上看危险系数很高，实际上却是极善良、极仗义、极心软的人。他们似乎谁都不怕，似乎谁都怕他们。但其实，别人怕他们是个假象，只不过不愿给自己树一个"强敌"而已。这类人，绝对可以放心做朋友，但不适合做亲人——有这么一位亲人，你得善于、乐于给他平事儿，得忍得了他糟践自己的情绪和健康。他们，能时不时地做一些让"仇者快，亲者痛"的事，比如，经常被别人气得火冒三丈，经常的情绪不稳定。

第五种人，说话很温和，骨子里却极强硬。他们话不多，遇见对的人，能聊很多；遇见不对的人，也能聊几句，一副温良恭俭让人畜无害的样子。其实，他们是心中极有数儿的一类人，知道谁好，更知道谁坏。之所以跟不对的人也能聊，他们真的不是怕得罪谁，而是他们知道这世界是多彩的，什么人都有，对于自己不喜欢的人，也必须允许他们的存在，甚至在自己身边晃荡。这类人，一旦把某人认定为"不对的人"，那某人将无法至少很难再取得他的信任。

最后一种人，话多，但没用的居多。爱开玩笑也好，爱显摆也好，爱热闹也好，总之废话挺多。这些"话痨"往往都不坏——也坏不起来——整天那么多话，言多必失，人品再不行，简直没法混了，他再跟谁话痨去？贵人语少，贫子话多。这个道理，他可能还不懂。

对几类人的总结，没有优劣之分，也没有对错之判。只要把握一点，就是好的：自己爽，不作恶。

或许，我们是以上几类人里面的某一类，也或许跟某几类人都沾点边，还或许好像哪一类都不是。但这不妨碍成为越来越好的我们。因为人性本来就是复杂的，本来就具有多面性。

我们说过的所有的话，其实就是我们自己。那是我们的思想，我们的血肉，我们深入骨髓的价值观。我们所说的，正向世界展示我们是什么样的人。

但愿，我们都随着年龄的增长越来越清晰地认清自己，认清自己的目的并不仅仅是"认清"，而是在"认清"之后不断完善自己、丰盈自己，对这个世界和世上的一切越来越理解、越来越包容，让自己的生活变得越来越美好、轻松，让自己变得越来越可爱、值得爱。

对于那种"江山易改，本性难移"的说法，我相信那是古人给弱者留下的借口——一直那样，难道就改不了吗？死不悔改的结局，往往只有一个——死。

包容，不是纵容；理解，并不是理所应当。只代表"包容者"和"理解者"有雅量、有胸怀。只是，要注意，有些狗，面子给多了，它真的会以为自己是狮子。

凡事都见得人家几分是处

曾国藩在信中告诫九弟曾国荃，"以能立能达为体，以不怨不尤为用"。

什么意思？做人，要以能把事情办得既让自己舒服又让别人舒服为根本，把不埋怨、怨恨、非议别人当作铁律。

他人不肖，让他不肖去好了。你又不是他爹妈，有权利和义务去操这个心吗？看不顺，可以不看；听不惯，可以不听。

再者，即使再混蛋的人，总不会一无是处。看到他不好的一面，可以视而不见；看到他好的点滴，可以拿过来提高自己。这样，才是高明。

《论语·宪问》中也记载："子曰：不怨天，不尤人，下学而上达，知我者天乎！"

有了事情，不怨天怨地，多审视自己，多从自己身上找原因，低处学起，上达天命，也只有老天了解我啊。

人与人之间的大小争端，皆始于不能有效问题。有问题，不可怕，可怕的是带着情绪去处理，不能正常沟通。两个本来观点就不一致的人，再带有情绪，自然会你说你的理，我说我的理。"说理"说到最后，也就变成了"争理"。争来争去，自然不会有好结果。

有了问题，不可怕，努力解决掉就是了。解决问题的最好通道，就是本着解决问题的"有效沟通"。可怕的是，沟通变成斗气，问题不但得不到解决，反而当事双方变得更加对立。

中国人讲阴阳，凡事都有正反两面，所以要一分为二地看问题，既要看到自己的是处，也要看到别人的是处。一味地责怪对方，除了加深对立，又能有什么好处呢？

　　改变自己是神，改变别人是神经病。日常之人，日常之事，少见深仇大恨，又有什么不能沟通的呢？

　　"我是来沟通情况的，是来解决问题的，不是来分对与错的。"如此，相信，没有什么解决不了的问题。

多交朋友抓"活鱼"

上班这么多年，一直从事新闻报道工作，不是当编辑，就是当记者。

通过工作关系，结识了各地的许多朋友。从朋友们身上，我看到了许多优秀品质，也学到了许多东西。尤其在工作中，朋友们更是给了我许多指点、建议和好主意，使我深深体会到"朋友多了路好走"这句话。

对我来说，进行各种采访，不习惯开座谈会式的正襟危坐，而是更习惯围绕某个主题说说笑笑、云山雾罩地"聊"。因为这样能让大家都放松下来，敞开了说与听，而不用顾忌什么。

这样做，无论是采访事件，还是采访人物，都相当管用。

如此"聊"过一次，采访对象也会认为面前的记者是个跟他们一样有烦恼也有困惑的"人"，而不是一台工作的"机器"。这样大家也容易处成朋友，在工作的各个方面互通有无，互相帮衬。

尤其是采访人物时，如果采访对象健谈，那作为采访者，非常幸运——能采到大量的素材。如果采访对象不善言辞，或很低调，那就得另辟蹊径了。有好多次，我都是从采访对象的同事、朋友那里，聊出了扎实、生动、鲜活的事例，丰富了采访内容，最后让稿件出了彩儿。

曾经，有位多年的朋友来北京领奖。言谈中，他就提到我多年前写的一篇稿件。那是一篇先进人物报道，当时，那位先进人物已经去世。走访了十几位他生前的同事后，我得到了丰富的素材。但遗憾的是，这些素材，也是其他媒体记者都掌握的，想要稿件"技高一筹"，绝非易事。

幸运的是，在采访中，我了解到有一位同志跟他是"铁哥们儿"。于是，晚饭后，我把那位"铁哥们儿"约到了房间。彻夜长谈中，我们工作、人生无所不谈，一起默默流泪，一起振奋精神。第二天整理谈话内容，不少有价值的素材跃然纸上，抓到了"活鱼"。

直到现在，我俩仍保持着联系，虽然一年到头只有一两次通话，但会彼此惦念，互相指导，让我们各自的工作、生活越来越好。或许，我们真的能成为一生的朋友。彼此无所求的那种。

还有一位朋友，也是当年的采访对象，可以说是一位"人生智者"。他的一些人生观、价值观至今都深深影响着我。在之后的一些采访中，他也会主动帮我找人、找素材，对我提供了无私帮助。

感恩众多朋友多年来的不离不弃与相互扶持。但愿，今后还能通过工作交到更多朋友，不为别的，只为大家在工作上互相促进，在人生中彼此挂念。因为，我们都是积极工作、乐于分享和倾听的活生生的"大活人"。

但求己见能"速朽"

笔者平时喜欢写些小言论，多是针对某一问题有感而发，并凭着自己的经验提出建设性意见和建议。为什么非要是"建设性"的意见和建议呢？因为，一般性的指指点点谁都会，除了引起别人不快，没其他用。

倘若看见问题就说，口中虽有千言，胸中实无一策，那叫"喷子"。能看到问题，并知道症结所在，还能凭一己之见给当事者提供切实可行的建议，这需要功夫和格局。就像一个善意的老朋友，该关爱时关爱，该提醒时提醒，不只说些顺耳的话。这也符合孔子心中"益友"的标准——友直、友谅、友多闻。

做事情、干事业，谁都不会至臻完美。因此，善意的批评必不可少，但也可遇不可求。如果在别人心目中无可救药，谁又会冒着让人讨厌的风险去建言呢？正如扁鹊见蔡桓公，多次谏劝无果，等到事情无法收拾，最终只能"逃秦矣"。对于那些讳疾忌医的人，良言难劝该死的鬼，还有什么话可说呢？

随着年龄的增长，社会阅历和人生经验也在增多。笔者不是"大夫"，自然做不到手到病除，但自认为还能凭浸润行业多年的经历，对某些事情给出一些中肯的建议。那建议，即使说不上完全有用，倒也不至于一无是处。

别人都盼望自己的文字能够"不朽"，笔者却希望自己的小言论类文章能够"速朽"。因为那些小言论都是看到某些问题之后写的，假如问题解决了，那些用于"指出问题、希望改正"的文章可不就"没用"了吗？没用了，就是完成了使命，应速速退场。

我们的事业是在摸索中前进的，前进过程中出现这样那样的问题在所难免。关键是，有了问题不回避，有了合理化建议能吸取，事情才能更顺。如果大家都是你好、我好、大家好，有话憋着，都当老好人，那结局肯定是你我大家都不好。

看到并指出问题，是勇气；能提出建设性意见和建议，是能力。即便如此，还是期望自己的这类文章能"速朽"。因为，一旦那样，就证明问题已经解决了。与问题"同归于尽"，的确不失为它的一个好归宿。

开口落笔皆宣传

　　"爬格子"的人往往被称为"搞宣传的"。"爬格子"，是件辛苦的事；"爬格子"的人，也似乎总是点灯熬油、夜以继日，忙得焦头烂额。对此，一些多年从事宣传工作的"老宣传"，慢慢地把"兴趣爱好"变成了年复一年、日复一日的"机械劳动"，少了创新，多了怨言。

　　其实，宣传工作不仅限于写稿件、"爬格子"，完成工作任务。作为一个社会的人，我们所说的每一句话、写的任何一篇文章，都是在做宣传工作，都在传播个人的观点和主张，都在潜移默化地影响着他人的思想和行为。因此，要从多方面加以重视。

　　聊天是宣传。多数情况下，聊天是一件让人轻松愉悦的事，但并不代表口无遮拦啥都可以说。跟有的人聊天，能让人如沐春风，神清气爽；跟有的人聊天，却让人如坐针毡，想尽快逃离。究其原因，就在于聊天的内容和价值。尤其面对年龄比自己小、阅历比自己少的人，聊天一定要言之有物、言之有据、言之有理，不能将自己的怨气、戾气等像竹筒倒豆子一样倾泻给别人，向人家灌输不正确、不阳光的价值观。否则，就是在害人。在聊天中引导别人树立正确的人生观、价值观，才是真的对人负责。

　　讲话是宣传。眼下，又到了做工作总结、年底述职的时候。把总结会开成表扬会、批评会和牢骚会，都不应该。总结的目的在于提升，既看到成绩，又审视不足，才有利于新的一年的工作。任何一项工作都会遇到这样或那样的问题，有了问题就满腹牢骚，而没有解决方案，除了"当众声明"自己"无能"，还能说明什么？牢骚太盛防肠断，风物长宜放眼量。当众讲话，除了讲成绩、讲不足，更要讲今后如何提升，用情真意切的语言传递干事创业的价值观。

提起笔、打开电脑写东西是宣传。给报社投稿是宣传，旨在宣传单位的工作成绩和工作经验；朋友、同事之间邮件、微信往来是宣传，旨在沟通情况宣传个人意见建议；自己开微博、微信公众号，也是宣传，于无形中展示自己的思想。即使写家书，也可以说是在做宣传，最典型的就是"曾国藩家书"，旨在向兄弟子侄宣传个人对某事的看法，鼓励他们正确做人做事。

口中有、笔下有，心中必有。人们说不出、写不出心中没有的东西。所以，一开口、一落笔，至少须把握"不误人子弟"的底线，切莫一言既出而误人、害人。

越温和越强大

工作和生活之中，人们最怕哪类人？经常发怒的人。

他易怒如虎，极易伤人，与其招惹，不如躲着。

得不到自认为该得到的东西，就大发雷霆的，是孩子。成年人的大发雷霆，必须要讲策略，情绪的发作必须要在头脑的掌控之下。

愤怒的本质，是发生的事情与自己的预期不同，没在自己的掌控之下，或至少此前没有掌控事态的发展。

即便如此，也没必要愤怒。上帝尚有无法掌控的事情，何况我们只是个普普通通的人。

事情来了，怎么办？无论多好处理的事情，还是多棘手的事情，想想法子，心平气和地该咋办咋办好了。着急又有什么用呢？况且，情绪之下处理问题，往往会引发新的问题。此所谓"先处理情绪，后处理事情"。

有作为、有修养的人，往往是温和的。这种温和，来自内心的强大与自信。因为，在他们看来，似乎没有一件事情他们搞不定，没有一件事情他们处理不好。

只有少数人天生温和，多数人的温和是世事历练出来的。老年人大多温和，就是一辈子的事给磨出来的。

将军有剑，不斩苍蝇。人不是不可以愤怒。愤怒，是我们处理极端之事的工具。它就像一个国家的"大国重器"，只有在极端情况下才可以拿出来，一般"不可以示人"。

动辄愤怒，不是不成熟，就是修养不够。愤怒多了，就是个半疯子。因为一件件事情，把自己整得跟个疯子一样，实在是"亲者痛，仇者快"，还糟蹋了自己的福分和身体。

人，都是一点点进步，一点点改变的。试着、学着越来越温和，不是向谁示弱，而是在向全世界展示一个越来越强大的自己。因为，那意味着，在你面前，任何困难都能克服，任何难题都能迎刃而解。

温和而坚定，才是一个有智慧、有修养、爱自己、也爱爱自己的人应该有的样子。

后 记

有的人，为文而生，为义而存，为社会责任而活。我打心眼儿里敬佩这样的人，也一直努力成为这样的人。

新闻工作者，走南闯北，阅过人间百态，尝过人生百味，普遍有有担当、有悲悯。

这么多年来，看到的、经历的、对这个社会有用的，都会把它写出来、发表出来，给这个越来越美好的社会多一点儿责任，给正在奋力前行的人们多一份力量。

不得不说的是，这个世界近年关美好，但无疑尚不完美。或许，永远不完满，才是这个世界本来的样子。尽管如此，还是忍不住想让这个世界更美、更好。于是，有了这些评论。

可以赞同，但从来不恭维；可以不同，但从来不攻击；有建议，但从来不牢骚满腹；有色彩，但从来不要求别人一样斑斓……这，是我一直信奉的。

一直以来，很推崇一句话：高僧没有香火气，将军没有刀剑气，书生没有酸腐气，商人没有铜臭气。如此好气象，方为"达人"。

幸运的是，身边写文字的人，个个没有酸腐气，有的倒是一身傲骨铮铮作响。

这个评论册子，肯定并非尽善尽美，即便如此，也要把它拿出来，献给我所爱的每一个人——以告诉他们，我，一直在努力。

这个评论册子，是对自己的总结，也是向下一站出发的开始。

下一站，在哪里？

就在前面不远处。